目次

国を越えた日本人

哀しき偉人の肖像　野口英世

野口英世と恩師フレクスナー

不倒の偉人像

猪苗代湖（いなわしろこ）の畔（ほと）り翁島（おきな）の野口英世博士の生家をわたしが初めて訪れたのは、没後三十年祭の折だ。この国は高度成長のとば口にも達していなかったから、完成してまもない野口記念館の白い瀟洒（しょうしゃ）な建物がその場に違和感をかもすほど五月の陽光にまぶしく、それがまた隣りあう博士の生家の赤貧をあらためて記憶させる効果ともなっていた。

停まった観光バスのなかから小学生たちの群が降りたつのを目にしながら、偉人像の変遷に思いをはせる。生家を訪ねる前に、わたしは何冊かの野口英世伝を読んでいた。野口の伝記の一冊は、彼がアメリカで盛名をはせていた生前すでに出ており、それを野口自身読んで、「ずいぶんまちがったことが書かれている」と洩らしたことがあるという。猪苗代湖でしじみを掬（すく）って町に出ては売り歩いて学費を手に入れたというような、苦学力行の美談をでも指してのことだったろうか。

大正の末から昭和初年にかけて、農村の疲弊が深まれば深まるほど貧しさにうち克つ立志伝は必要だった。一歳半の清作は母親の留守に囲炉裏（いろり）にはまって左手に火傷（やけど）を負った。重い障害を負いながら、細菌学の世界で赫々（かくかく）たる業績を挙げたことも、時代の要請にこたえるものであった。

アメリカ西部を中心にまき起った排日感情に、中国大陸への日本の侵略は、火に油をそそぐ効果をもって、日米関係が悪化していくなかで、野口像は徒手空拳、白人たちを向うにまわして活躍する英雄という相貌をになうことになる。戦時下、日本中の国民学校にたきぎを背負いながら本を読む二宮金次郎の像が建てられていったころ、野口英世もまた、隣家の風呂炊きの火の光で一生懸命に勉強した立志伝中の人として教えられたものであった。わたしたちのなかでは、二宮金次郎と野口英世は重なりあって記憶されている。

わたしにはその頃、ひとつの苦(にが)い記憶がある。旧制中学の入学試験で、軍国教育に熱心な校長の口頭試問をくぐりぬける最適の手として、将来陸士か海兵を目ざしますと答えるのがよいと、わたしは先輩に知恵をさずかった。けれども、わたしの口をついて出たのは、野口博士のような医者になりたいというそらぞらしいことばであった。校長はその嘘をよしとして、わたしは口頭試問をくぐり抜けた。いまにして思えば、わたしは小賢しく野口英世を利用してきりぬけたようなものであった。

戦争が終って平和が戻ってきたとき、楠木正成やら木口小平やら広瀬中佐といったかつての偉人英雄たちが二宮金次郎の石像や教育勅語とともに、教育の場から一斉に姿を消していくなかで、野口英世の偉人伝は、ひとり生き残っただけではなく、アメリカで医学に貢献した平和の使徒として、尊敬する偉人のトップの座を維持しつづけた。時代がそのときどきの要請を、この偉人に仮託した、言いかえれば、野口英世はその時その時の要請に利用されつづけてきたというようにさえ思われてくる。虚像から虚像へ、わたしはどうにかして、この人物の虚像をさって、実像に迫ってみたいと思いながら、野口英世記念館の前に立っていたのだった。

母そして父

野口清作は明治九（一八七六）年十一月九日、佐代助、シカの長男として、福島県耶麻郡翁島村に生まれている。奥村鶴吉『野口英世』に野口家の家系は詳しく書き上げられているが、「三城潟村百姓分限帳」に映しだされている野口家の位置は、寛政年間以来、下降線をたどって、幕末には村内三十戸ほどのなかで、「下々」から「無位」へと赤貧のどん底に陥っていたことが浮かんでくる。祖父善之助が渡部家から、父佐代助が小桧山家からそれぞれ入夫していることもさることながら、男たちは貧しさ故に代々出稼ぎを強いられ、野口家にはつねに家長としての男性のかげがなかったことが特徴的だ。これを幕末の会津藩の位置に重ねて考えてみると、京都所司代に任ぜられた藩主もまたつねに城をあけ、今日的にいえば、京都の動揺を鎮めるために警備を会津藩は一手に引きうけねばならなかったから、その莫大な軍費が会津の農民たちに重くのしかかっていたということは、容易に想像できる。祖父善之助が猪苗代の城代屋敷に年季奉公に出、京都にまで奉公に出かけたというのは、軍夫としてだったかもしれない。

戊辰戦争で会津若松が朝敵の位置に貶められたことは、いっそう重要だ。街道筋にあたる三城潟の民家にも戦火は及んだが、野口家は辛くも火災から免れた。朝敵の汚名は直接には会津士族の背にきざまれた緋文字であったにしても、福島県人全体にとって明治という時代を生きにくいものにしたことは、否定できないだろう。

小桧山家の長男佐代助が野口家に入聟（いりむこ）したのは明治五年、すでに適齢をこえてのことだった。野口家の零細な田畑はまもなく、佐代助の酒代となって酒屋に渡り、さらに縁続きの小桧山某の手に渡っていった経緯は、アメリカ人伝記作者イザベル・プレセットの目にはどう映ったろう。彼女はこう書いている。

〈幕府滅亡の直後、まだ警察による庇護が不十分だった時期には、日本の国じゅうでヤクザが地方の警察のような機能を果たしていた。賭博を開帳し、顔をきかせ、おそらく売春も行なわせ、また人に雇われ不法行為を行なうなど、初期のマフィアによく似た活動をしていた。……戦争の間、軍隊の下働きをして軍夫と呼ばれた男たちが、下っ端としてヤクザに加わっていた。佐代助はこのような軍夫の一人であった。〉

野口英世の母シカはよく知られている。のちに学士院恩賜賞を授与された折に、野口はただ一度錦を故郷に飾ったが、この帰国を強くうながしたのは、目に一丁字なかった母親が懸命に文字を習って息子にあてて送った手紙だったといわれている。後年、その手紙の文字のえもいえぬ力強い美しさにうたれた民芸運動の批評家柳宗悦は、「野口シカ刀自（とじ）の手蹟」なる文で、それをたたえることを忘れなかった。

シカの存在に比べると、佐代助のかげは薄く、野口英世伝から抹殺されていると思えるほどだが、意外なことに生涯酒を友として大正十二年まで長寿を全うした父佐代助が人一倍器用だったことなどは、英世の天才的な実験技術と結びつけて語られてはこなかった。しかし、父のかげは薄いどころか、シカとの対蹠的な面で野口英世の生涯に、佐代助のもっていた翳（かげ）りは、色濃く投影しつづけているように、わたしの目には映る。

会津若松の青春

清作少年が、終生の庇護者となる教師小林栄とめぐりあうのは、明治十九年小学校初等科を終えるときだ。右手に重い障害を持つこの利発な児童の存在に目をとめ、励まして高等小学校に送りだしてやったのは、小林栄の功績にちがいない。野口は苦しいときにかけがえのない庇護者を見いだしていく特質をそなえていた。ときに自信家でときに寂しがり屋でときに傲慢でときにエゴイストでというように、数多い欠点をもちつつも、いつでもどこかで誰かが手をさしのべたくなるような引力を、この小宇宙はそなえていた。高等小学校における輝かしい成績(次頁の表参照)は、永遠の恩師となる小林栄の恩顧にこたえるものであった。

高等科四年の出席点だけが七十八点と落ちこんでいるのは、級友たちの拠金で、小林栄に導かれて会津若松の渡部医院に入院し、左手の手術を受けた結果だ。

野口が医者たらんとしたのは、この手術の前だったのかあとだったのか、それははっきりしないが、木瘤(きこぶ)のようになった左手の障害を癒(いや)さぬかぎり「触診」ひとつできないではないか。この時の手術を含めて、彼は二度整形にトライしているが、植皮を伴わぬ当時の手術では何の効果もあげえなかった。けれども、この最初の手術をきっかけとして、彼は、会津若松で開業するアメリカ帰りの医師渡部鼎(かなえ)の経営する会陽医院の書生(助手)となる僥倖(ぎょうこう)にめぐまれる。

やがてまもなく、渡部が日清戦争のため軍医として召集された二年ほどのあいだ、その留守を守って渡部の信任をかちえるとともに、東京から会陽医院に出張してきた歯科医師血脇守之助という、得難い庇護者を見いだし、やがて、上京のきっかけをつかむことにもなる。

会陽医院における三年間の助手生活こそ、野口英世の〝医科大学〟だったといってよい。アメリカ帰りの渡部鼎は顕微鏡をもっており、野口は先輩の書生をおしのけて、顰蹙をかうのもかまわず、微視の世界の魅力にとりつかれる。

朝敵の汚名をきせられたその古い城下町には、他所には見られぬような特異な文化が育っていたのかもしれない。会陽医院の若い書生に英語、ドイツ語を特訓してくれるインテリが何人かいたし、三之町の天主教会に行けば神父がフランス語も教えてくれた。ナポレオンのひそみにならって、三時間の睡眠すら惜しむような猛勉強は、すでにこのころ始まっていたのだ。

とはいうものの、若者の心は木石のようにわき目もふらず勉学一筋だったわけ

清作の成績

岩波同時代ライブラリー「野口英世」より

	高1	高2	高3	高4
修　身	100	99	98	97
読　方	100	99	99	98
作　文	90	95	98	97
習　字	80	94	98	99
算　術	85	98	96	88
体　操	—	—	—	—
地　理	100	96	98	99
歴　史			99	95
理　科	100	98	98	99
図　画	95	96	98	99
英　語	100	99	96	98
農　業	98	100	99	100
出　席		99	100	78
品　行		100	100	100
総評点	948	1,173	1,277	1,247
平均評点	95			
小試験平均点	94			
評　点	95	98	98	96
及　落	及	及	及	及
席　順	1	1	1	1
年　齢	13年5カ月	14年5カ月	15年5カ月	16年5カ月

ではない。十九歳の春、日本基督教団若松栄町教会でプロテスタントの洗礼を受け、山内ヨネという女学生に恋をする青年でもあった。会陽医院の書生生活三年は、充実した青春だったといってよいだろう。それゆえに、彼はこの三年を大学になぞらえる。ロックフェラー研究所のノグチ・ペーパーに残る野口自筆の履歴書には、「一八九四年五月、東京医科大学に入学、三年間で卒業」と記入されているそうだ。その三年はまさに、会津若松の時代に重なる。

若い魂を不屈の努力で鎧(よろ)いつつ、書生生活のなかで医学の基礎を身につけていったのだが、科学の方法をしっかりとたたきこまれたわけではない。そのいびつな基礎学力は、終生、この偉大な細菌学者の業績に、悲劇的なハンデとなってついてまわることとなる。

前期三年・後期七年の難関

明治二十九年九月、二十歳の青年はいよいよ郷里をあとに東京をめざすことになる。会陽医院の渡部鼎は十円、恩師の小林栄が十円、小学校時代の友人野口代吉が三円というように餞別が集まった。まだ磐越西線は通っていなかったから、猪苗代湖を迂回し、中山峠をこえ、東北本線の本宮駅まで九里の道のりを、母親のシカは峠のあたりまでつきそってはげました。

それから約一カ月、上野に近い安下宿で医学開業試験にそなえて、野口は受験勉強にうちこむ。「前期三年、後期七年」といわれるほどむつかしい医学開業免許の前期試験に、十月彼はもののみごとに合格している。物理、化学、生理学、解剖学の四科目、それらは野口にとっては少しもむつかしいとは思えなかった。しかし、問題は一年後の後期試験だ。前期とはちがって、外科、内科、薬物、眼科、産科など専門領域に入って臨床実験なども加わる後期試験には、これまでのような独学は通じない。そのための即席学校としては、本郷の済生学舎に通うほかないが、最低月十五円はかかる学資をどうするか。いやもっと難問は、臨床試験に触診は必須だが、野口の木瘤のように固まった左手で触診ができるわけがない。考えれば、前途はまっ暗闇にとざされているはずなのに、この若者に絶望は無縁だった。野口は前期合格の知らせをもって東京の芝伊皿子（しばいさらご）の高山歯科学院の門をくぐる。そこには、会津若松の会陽医院に出張医療にきたことのある青年歯科医師血脇守之助がいるはずだった。

駿馬には名伯楽を見分ける嗅覚がそなわっているものか。生き馬の目をも抜くこの東京で、野口は血脇守之助という名伯楽を得ることによって、綱渡りのような東京生活を開始することになるのだ。

高山歯科学院の臨時用務員、これが東京で野口の初めて得た勤め口だ。ランプのホヤみがきや便所掃除のかたわらドイツ語をマスターし、学院の洋書を片っ端から読む。やがてまもなく付属病院の経営を血脇がまかされたことで、済生学舎の学資も捻出され、血脇の紹介で野口は帝大病院で木瘤のような右手の再手術にトライし、明治三十年十月の開業医免許の後期試験を迎えることになる。済生学舎に通ったのは半年にも充たなかったにもかかわらず、「前期三年、後期七年」といわれたこの難関を、わずか一年という最短コースでくぐりぬけたのであった。

遺された手紙

野口英世はじつに多くの手紙を書いた。

もっとも、電話が普及しない明治時代、野口にかぎらず、若者はよく手紙を書いた。それに少しも不思議はないのだが、野口の書いた手紙は、彼の受け取ったものにくらべると、比較にならぬほどよく保存されていて、今日に伝えられている。無名な若者の手紙が、なぜかくもよく保存されたのか。

墨痕(ぼっこん)あざやかな達筆のせいでもあろう。だが、それだけで保存されたとは思えない。野口の手紙を受けとった人たちがそれを捨てずにそのまま大切に保存したのには、他に理由がなければならない。人さまざまな理由があったなかで、小学校時代の同級生、八子弥寿平(やごやすへい)も、野口の手紙をミカン箱に詰めて保存したものの一人だ。明治三十年十二月三十一日付の一通を見ておこう。

〈月日流るゝが如く茲(ここ)に又卅年を送り、新たなる春光を迎ひん(ママ)とす。人生如夢(ゆめのごとく)又如空(そらのごとく)に御座候。〉

という書き出しで始まるこの手紙は、上京以来一年四カ月、その間、音信する機会のなかったことを十数行にわたってくどくどと書き連ね、さらにまた、八子家のその後の近況を両親や兄弟をふくめてあれこれと尋ねることに費やされている。大晦日の日、異境にあって、故郷に思いをはせて、孤独のうちに親交のことを思い起こしたというのだろうか。

やがて、一転、開業医試験もパスして順天堂病院に就職したことが報じられ、この東京随一の病院で学術誌の編纂に従事していることが伝えられ、近々見本を送ろうとも書いている。さて、それからが本題だ。

〈大学には金子の都合次第入学仕度き考えに御座候。然し素貧生にては如何とも致し兼ね候。〉

親友ゆえありのままに言えば、いま着ている着物が破れて綿がはみだしてしまっており、洋服を新調しなければならない。ついては五十円ほど用立ててもらえないだろうかというのが、じつはこの手紙の用件だったことがわかるのだが、正月五日の休み明けまでにぜひたのむと書いたあとは、憂欝な話題をさっと転じて、同級生の誰彼の消息があれこれと書き連ねられた最後に、

〈右之事情は他人には秘し被下度く、呉々も願上候。草々　頓首〉

で終わっている。就職した順天堂での月給が賄付き二円であったことを思えば、五十円の借金申し入れがいかに法外な額であったかがわかるというものだ。親友八子弥寿平は猪苗代町の薬種問屋の御曹司であったが、まだ部屋住みの身である以上、いかに野口の窮境に同情しようとも、右から左へとすぐに用立てられるような金額でなかったことは、それから三カ月ほどの間たてつづけに発せられた野口の督促状から、その間の事情が浮かんでくる。

一月十四日付〈この間御願申上候件、なにとぞお願申入れ候。小生も目下頗る素手にこま

り居り申候。〉

二月一日付〈小生洋服新調（代価三十円ばかり）仕候得ども靴やその他の付属品これなく、もちろん素寒貧にて日々の小遣さえなき位なれば、未だ請求するわけにも参らず、困りいり申したる次第に御座候。ついてはぜひとも十円ほど前もってお送り下されたく……放蕩なる弟を持ったとあきらめて御恵送下されたく願上候。〉

二月二十三日付〈御存知の通り小生事情やむをえず、過般洋服一襲（かさね）調製仕り、先方へは代金未済にて旧二月五日迄猶予致しくれるよう申し置き候処、最早時限差迫り小生も申訳に困り候次第に御座候……賢兄の御厚情に甘んじて再度御願申上候。〉

こうして二カ月越しに二矢、三矢が放たれた末、八子弥寿平から三十円の為替が三月五日になってとどいたのだが、野口からはまるで当然のごとくあと二十円を半額ずつでもいいから送るようにと、矢の催促が来るのである。

華の伝研

野口が洋服一襲（ひとかさね）をどうしても必要とした一つの理由は、その四月から北里柴三郎の主宰する「伝染病研究所」に勤務が決まっていたからではないだろうか。内務省を後楯とするこの新設の研究所は、ローベルト・コッホ研究所で破傷風菌の純粋培養によって一躍世界の細菌学界のスターダムに躍り出た北里を所長に迎え入れ、洋行帰りや帝大出の俊秀を一堂に集め、遅れて出発した日本医学の底上げをはかることを使命とする研究機関であり、発足まもなく、若い志賀潔が赤痢菌発見というホームランをいきなり打ち上げて、東京に「キタザト研」ありと、一躍世界の注目を集めることになっていた。

そのような栄光の舞台に、どうして、綿のはみだした着物姿などで出勤することができようか。破廉恥なほどの強引さで、野口が金五十円なりの支度金を強請したのも無理からぬことと、八子弥寿平は快く、父親にかくれ無理して為替を送ったのであろう。それにしても、開業医試験に合格しただけの無名の医学生野口清作が、なぜ花の〝伝研〟（北里伝染病研究所）に採用になったのか。

東京における守護神血脇守之助の奔走、順天堂病院の上司菅野徹三（かんのてつぞう）の肝入りで、順天堂院長佐藤進による北里柴三郎への添書、これが野口の伝研入所の武器だったというのだが、『順天堂医事会雑誌』の編集ぶりに北里が注意を払っていたことも預かって力（ちから）大きかったとすれば、野口の語学力と論文読解力をあわせた実力が勝ち取ったポストだったといってもよいのかもしれない。

ドイツからの医学情報は伝研にいながらにして手に入る。しかし、英・仏の文献はドイツ医学優先の伝研では弱い部分であった。持ち前の語学力で英・仏の文献をカヴァーしていた『順天堂医事会雑誌』の編集員野口は、伝研で十分使える。野口清作は、図書係として助手補という末席のポストに座ったのである。

明らかなことは、左手の重大な障害が、臨床医としての道を閉ざしていたことであり、すでに早くから野口は基礎医学、とりわけ十九世紀後半に花開いていった細菌学のレースに、自己の栄光と活路を見いだそうとしていたらしいことだ。

活路は意外なところに待っている。ジョンズ・ホプキンス大学のサイモン・フレクスナー教授らのミッションが来日するのは一八九九年桜の花の咲くころのこと、その四カ月前に米西戦争は終結し、アメリカの占領下におかれたマニラで赤痢が流行していた。アメリカ陸軍派遣のフレクスナー一行が、なぜマニラに直行せずに東京に立ち寄ったのか。開設まもない東京の伝研に、赤痢菌を発見して一躍細菌発見レースのランナーにおどりでた志賀潔がいたからではないだろうか。

コッホ先生と共同で破傷風菌を培養した北里柴三郎は、英会話はにがてだったし、志賀はまだ留学体験も持っていない。伝研に英語の学術用語を駆使できるスタッフがいなかったというのは信じがたいことといわなければならないが、白羽の矢が野口に立ったのは、意外なこととはいえない。

野口の手紙には、東北弁からくる「てにをは」の誤記が目立つ。ということは、野口は生涯東北弁以外の日本語を使わなかったと考えてよいのだが、一方、彼は必要のある外国語を実に早くマスターする能力をそなえていた。いってみれば、東北弁というひとつの囚われたことばからの脱出願望が、異能ともいうべき語学の達人を生んだといえるかもしれない。

清国・牛荘（ニユウチヤン）に向けて神戸港を発ったとき、野口は船倉の三等客室で中国人にまじって数日を過ごすなかで、またたくまに苦力（クーリー）仲間の中国語を身につけ、その翌日から診療に役立てたというではないか。ドイツ留学を前にして、フィラデルフィアで彼は下宿を二度、三度と替えて、ドイツ移民の家庭のドイツ語をまたたくまに盗みとってしまった。この苦学生にとって、ことばは即生きる手段と同義だったといえるだろう。

打合せのため、帝国ホテルにフレクスナーを訪ねた野口がまず口にしたことばが、フレクスナーの日記に訳しとどめられている。

〈初めてやって来た時に、野口は、アメリカに行きたいと私に語った。できることなら細菌学の勉強のために、二、三年アメリカに行きたい。〉

この怪(け)しからぬ通訳は、見ず知らずの外国人研究者を前にして、留学を売りこむネゴシエーションから始めたのである。幸いなことに、フレクスナー自身、東欧からアメリカに渡ったジューイッシュであり、長い下積生活のなかで医学校に学び、辛酸の末にジョンズ・ホプキンス大学の助手ポストをかちえたという、その苦学体験が、野口の野心に理解を示しえたということだ。

〈北里教授の理解をまず得ることだ。北里教授が君の渡米に賛成し推薦さえすれば、フィラデルフィアに僕が手紙を書いて何らかの身分が与えられるよう努力してもよい。〉

とフレクスナーは理にかなう応対をして、すぐにもアメリカに招こうなどという甘い誘いはしなかったと、彼は注に記している。

かんじんの通訳の首尾はどうだったのか、日本医学の総帥ともいうべき子爵石黒忠悳(ただのり)に東北訛(なま)りのぬけぬ通訳は、アメリカ医師団の動静をじつに克明に報告して、石黒の厚い信任をかちえたことで、その役割は十二分に果たされたとみてよいだろう。にもかかわらず、帝国ホテルのレセプション会場に、傭われ通訳の姿はなかった。員数外の野口は、車夫たちとともに控室で冷えた弁当にありつけただけだ。伝研は未来の細菌学者を、あくまでも臨時の助手補としてしか遇さなかった。

実験用のモルモットをぜひ二匹欲しいのですが……。と野口は伝研へ伝票を渡す。しかし、伝票は途中で破られ、いつまで待っても野口にモルモットの給付はやってこない。これでは何年待ってもプレパラート一枚つくることができないではないか。

国境なき医師団

空腹の底に、わけへだてられたものの澱が積もっていく。一個のパンと一杯の水だけで厚い原書のページをくる日々。自分は天才かもしらん、来るべき時代のヒーローかもしらん……。あれこれ思う間に、若者の脳細胞の一片が砕けていったかもしれない。伝研のラベルの貼られた貴重な原書の何冊かが、神田の古本屋に売りに出されたらどうなるか。図書係はたちまちその管理のずさんを問われるだけではたりず、自らの手で横に流した疑いをかけられてなお弁明のしようがあるだろうか。

さすがに、北里柴三郎は直接、図書係を叱責することはない。

「君、最近、横浜の海港検疫所で検疫官を一人必要としているんだが、そこに行ってくれたまえ」

月給は十五円が三十円に倍増される。高級船員に似た官服が支給される。年間百円の留学資金が捻出できる。どうだそれでも首をタテにふらないか。それが、北里柴三郎の野口に対する温情あふれる三下り半であったことは、まぎれもない事実だ。

これから営々と築かれねばならない象牙の塔には、志賀潔や秦佐八郎といった留学要員が列をつくる。口を開けばコッホ研究所に行かせて下さいと秩序をこわす後輩を、象牙の塔にとどめておくわけにはいかないのだ。

自費でアメリカに渡りたいというのなら、もっと効率のよい稼ぎ口もあるぞ。清国の牛荘(ニユウチヤン)(中国遼東省営口(インコウ))にペストが発生した。国際予防委員会から、日赤へ医師団派遣の要請もきている。月給は二百両(テール)(二百八十円)だ。行ってみる気があるなら推薦するぞ。なーに、牛荘に島流しというわけではない。一年そこに我慢するなら、渡米の資金など朝飯前というほどのことだ。

かくして、野口は明治三十二(一八九九)年十月、今日で言う〝国境なき医師団〟に加わって、黒死病のうずまく牛荘へ直行することになる。

〈威海衛には英艦が二三隻揚々として碇泊している。然るに其(その)沖合には二隻の軍艦が見える。一定の場所に居らないで、個々にさまよふて居る、望遠鏡で国旗を見るに何ぞ図らん清国の軍艦で而も新造軍艦である、彼等は軍港がないのでうろついて居ったのだ、嗚呼(ああ)何事ぞ弱肉強食し獣類は其本態を隠さぬが、人類は実に獣行して霊長なりと自称す。憐れむべし、憐れ

むべし。〉
暗涙を呑んで彼は、一首を詠んだ。

弔丁提督
憶起当年交戈日
柱折維傾命尽畢
湾頭波静鷗游辺
靄然暮色邀幽鬼

丁提督ヲ弔フ
憶(おも)ヒ起ス当年交戈ノ日
柱折レ継傾(つなやぶ)レ命尽(ことごと)ク畢(おわ)ル
湾頭ノ波ハ静ニシテ鷗辺ニ游ブ
靄然(あいぜん)タル暮色幽鬼ヲ邀(まね)ク

（丁汝昌　清末の初代海軍提督。
黄海の海戦に敗れ、服毒自殺した。）

清国の惨状を直視しながら、いつになく詩心に訴えようとしているところに、切迫した漂浪者の動揺が垣間見えるといえないであろうか。

ペストの治まった牛荘から国際医師団が引き揚げたあと、野口はロシア人病院に雇われて、なお八カ月現地にふみとどまる。植民地化された清国の惨状は野口の中にナショナリズムを呼び覚ましはするものの、患者への視線はあくまでもインターナショナルだ。その低い目線は、朝敵の地位におとしめられたまま、どこからも救いの手をさしのべられることのなかった会津の、水呑百姓の子にのみ付与された天賦の才とみることができる。

船出

清国牛荘（ニュウチャン）での八カ月におよぶ国際医療活動は、野口渡米の助走とみてさしつかえない。

第一に、そこには野口の前につねに立ちはだかっていた日本的学歴社会の障壁はなく、自由にはばたけた。第二に、そこには清国における列国の権益を反映するかのように、英、仏、独、伊、露の各国医師団がいて、あたかも医療における国際見本市の観があったから、医療活動を通じて国際感覚をつかみとる実践の場ともなった。それに加えて、第三に月額二百～三百両（テール）という破格の待遇が、渡米費用の捻出へとつながっていくはずだった。

生来の経済観念の欠如が、第三の目的を実現させそこしなかったとはいえ、賽（さい）はふられ、日本脱出に向けて、野口は離陸するばかりとなっていたといってよいだろう。東京にもどってきた野口に、再就職に動いた形跡はない。横浜の検疫所は退官したままだし、伝研（北里伝染病研究所）にもどる途も閉ざされていたとすれば、フレクスナー教授のいるフィラデルフィアを目ざす以外にないではないか。すでに五月、牛荘からフレクスナーに宛てて自薦の手紙を送っていたのだ。

とはいうものの、生来の浪費癖から大陸での高給は使い果してしまっただけでは足りず、逆に借金まで背負って帰国した野口にとって、緊急の課題は、いかにしてアメリカ行きの切符を手にするかにあった。夏から秋にかけて、青年は奔走する。二度の帰省も、頼むべきは郷党以外にないと思い定めてのことだったにちがいない。高等小学校の同級生八子弥寿平は五百円の申しこみに、何とか努力しようと答える。それをきいた恩師の小林栄は、野口の安直な申しこみを強くたしなめる。隣室でそれをきいていた小林夫人は、養蚕で貯めたへそくり百余円を、そっと野口の前に出してやったという美談が残ってはいるが、それは野口自身が語ったものではない。二度の帰省で集まった餞別は、たかが知れたものだったに相違ない。さて、他にどんな手だてがあるだろうか。外国航路の船医になって船に乗り、目的地についたら降りてしまうというのはどうだ。血脇守之助の協力で、日本郵船の重役に頼みこんだことは、野口自身が書いているが、むろん目的地でずらかるなど、夢想にひとしいプランといわなければならない。一方では着々と渡航準備をすすめながら、その経済的裏付けという点に関しては、青年は夢を食む獏に似ている。けれども、世の中には、夢が夢でなくなる瞬間もあるものなのだ。

　計画の蹉跌に沈む野口を励ますために、血脇守之助は一夕箱根に野口を誘いだす。その夜、箱根に同宿した斉藤弓彦夫妻がこの風変りな青年に目をつけ、姪と婚約してくれるならば渡航費三百円ぐらいお安いご用だと申し出ることになるのだから、世の中は不思議だ。

　前後にまだ二、三のすったもんだはあったものの、かくして、十九世紀はあと三週間余を残すだけとなった一九〇〇年十二月五日、横浜を解纜するアメリカ丸の甲板に背の低い縮れ毛の一人の苦学生の意気揚々たる姿があったことだけは事実だ。

蛇毒に挑む

十八日間の船旅と五日の汽車の旅の果て、フィラデルフィアに到着した野口のポケットにはわずか二十三ドルしか残されていない。寒々とした下宿で、野口が紙に描いたのは髑髏(どくろ)の絵だったという。十二月二十九日、クリスマス休暇で閑散としたフィラデルフィア大学の医学部に、フレクスナー教授を訪ねた野口の胸中に不安が渦巻いていたのはいうまでもないが、驚いたのは教授の方だったといってよいだろう。

いきなり助手にしてほしいと押しかけてきた皮膚の黄色い小柄な青年を目の前にして、教授は困惑した。着任まもないフレクスナーに助手を雇う裁量権があるわけもない。けれども、ドイツ系ユダヤ移民の子として幾多の辛酸をなめつつ教授にまで昇りつめたフレクスナーと、左手にハンデを負いつつかけ昇り、ついにアメリカ東部の涯のフィラデルフィアにまでたどりついた黄色い若者とのあいだには、不思議なテレパシーが走って、生涯の運命的ともいうべき太い絆(きずな)で結ばれることになる。

フレクスナー教授によって蛇毒の実験が野口に与えられたとき、教授はこの黄色い皮膚の若者の左手が幼いころの火傷で自由を失っていたことに気づいていたであろうか。檻の中に閉じこめられているコブラやハブに触れようという無鉄砲な研究者がいなかったなかで、この隻腕(せきわん)の若者は月八ドルの報酬で、喜んで引き受けたのだ。鎌首をもちあげて立ち向ってくる毒蛇のその首をおさえこみ、こじあけた口からたらたらとたれてくる猛毒をシャーレに移すみごとな腕さばき、しかも、教授がカリフォルニアに出張していたわずかの間に、蛇毒に関する文献を可能な限り渉猟（しょうりょう）してみごとなサマリーまでも作成してしまったことで、野口はフレクスナーの懐深く飛びこんでいったことになる。血清・免疫学、それは十九世紀ヨーロッパでくり広げられた細菌発見レースと表裏で発展した医学の最先端の領域であり、野口はまさにアメリカの第一歩をそこから踏みだす幸運にめぐまれたとみることができる。

「蛇毒の研究」にカーネギー財団から五千ドルの出版資金が提供されたのは二年後のことであり、相前後して野口はペンシルバニア大学病理学助手、同上席助手と、着実な歩みを進んでいく。いったい日本人というやつはいつ寝るのだろうと、周囲からいぶかる目をそそがれたのは、このころのことだ。何百本という試験管から何千枚というプレパラートを作製していくためには、研究室の机にうつ伏せの仮眠をとるぐらいの時間しかなかったのだ。

〈官費遊学生と小生の現今を比すれば、日本風と亜米利加風の差を見出すに難（むずか）しからず候、即ち官費遊学生は普通千八百円か千六百円を受け居るも、彼等は贅沢三昧に日を送り、論文を書くやつは十中に二三、それも中々大規模にはあらず、僅かの材料より書物の抜書きを混じて外人によりは日本人に示さんことを勉め、年期が三年すめば揚々として帰朝し、直ちに大学教授となり博士となるの始末に候、反之（これにはんし）小生の如きハ衣食住に必要なる丈（だ）けの生活費のみを与へ、研究には一ケ月にて二百弗、三百弗の大金を自由にせしむるにあり、亜米利加は何処までも実地主義に候〉（一九〇二・四・三　小林栄宛書簡）

研究生活の実態に即して、ここに彼我の比較がみごとに映し出されている。同じころ、もう一人の恩師血脇守之助に宛てては、こうも書いている。

〈小生はつく〴〵思ふことあり。小生は日本的の世渡りは極めて不敏活なるものなり、と。然共恩師よ、階級的思想の欠乏せる此自由国に於ては日本的世才は却て成功せず、而かも「当って砕けろ」的の直覚的精神が一番に切れ申候。何事も欲する所に赴き欲する所を述べ、以て同情者と反情者とを求むるものに御座候。是れが日本ならば虚礼的頓首の三つも先きにして、後に遠まわしに自己の望みを述べざれば、恰も失礼の如く考へ、其趣旨の善悪を問はず先づハネつけるが例に候。〉

日本的階級社会への怨念の深さと、自由率直なアメリカ社会への適応が肯定的に描かれているが、そんな野口が、研究室ではどう受けとられていたのか。

〈甚だ自画自賛的の口調にて御耳障りに候はんが、実際今回小生の遂げたる蛇毒研究は慥かに従来の誇家の業績に見出すこと能はず、殆ど嶄新に候。且つ研究の方針が一層キハドク御座候、故に小生は半大学内にて**Serious-man**（キハドキ奴）の綽名を得るに至り申候。〉

Serious-man にこめられたスワップの悪意を含んだ迷惑ぶりについて、野口は気づいてはいないかに見える。

渡米三年目の秋、野口は、「蛇毒の研究」という **Serious** なテーマで注目をあつめた結果、欧州留学という幸運の切符を手に入れる。行く先は、パスツールでもコッホ研究所でもなく、デンマーク国立血清研究所の新進教授マドセンの研究室であった。

コペンハーゲンの野口

野口が渡米した二十世紀初頭のアメリカ医学の景況について考えておきたい。ベルリンのコッホ研究所、フランクフルトのエールリッヒ研究所を両輪とするドイツ医学、パスツール研究所をもつフランス医学、リシュター研究所をもつイギリス医学がそれぞれ十九世紀ヨーロッパの研究を中心的に押し進めてきたのに比べれば、アメリカは辺境にあったといってよく、英・仏文化圏にあったカナダに比べてさえも、アメリカは遠く及ばない状態にあったといえる。

それゆえにこそ、東京医科大学卒を詐称する野口が、北里柴三郎の紹介状一枚でペンシルバニア大学の助手に潜りこむ余地があったともいえるのだが、逆にみればそんな辺境になにも留学する必要がどこにあるかということにもなってくる。けれども、野口における留学の意味は、学歴社会の階梯としてのそれではなく、アウトローの武者修業といった趣きがあったから、蛇毒の研究だろうが何だろうが、剣の代りに試験管やビーカーを自由に持たせてくれる道場であれば、それでよかったのだ。彼の好む講談・浪曲の世界は、ここフィラデルフィアに生きていたとさえみることができる。

辺境の医学を、どう高めてゆくのか。デンマークのコペンハーゲンの血清学研究所に、このアウトローはアメリカ医学の国際的水準の底上げという命題を知らぬまに与えられて、赤ゲットの旅に上るのだが、野口本人にすら秘密にされていたもう一つの遠大な計画のひとつのコマの役割がふられてもいたのだ。

ペンシルバニアに湧いた黒い水（石油）で巨万の富を築いたロックフェラーは、現役を退くとともに、巨額の資金をアメリカ医学の底上げに投じようと企て、ひそかに新設の研究所長にフレクスナーを指名していた。フレクスナーの唯一最良の弟子たる野口のコペンハーゲンへの留学は、ロックフェラー医学研究所設立計画の一環にあったこと、そのために血清・免疫学の最先端を行くコペンハーゲンのマドセンにつく必要があったのであろう。

一九〇四年の元旦、コペンハーゲンから恩師の小林栄に書き送った書簡に、こんな述懐がみえる。

〈小子が費府（フィラデルフィア）に着せし日より算すれば満三ヶ年に達し申候。そこで一寸長日月の様ニ候も、之を日本にて暮したりと仮定すれば、驚くべき長日月には無御座（ござなく）、真（まこと）ニ一夜の夢に御座候。〉

ふと思いついてペンシルバニアの友人に、こんな英文の手紙も書いている。

〈お借りしていた借金をお返ししたいので、フィラデルフィア宛の郵便為替をお送りします。そちらを発つとき忙しくて、お会いできなかったので、お返ししそこなったものです。金額は少し余るはずですが、お受け取り下さってコーヒーでもお飲み下さい。〉

依然として借金魔の癖はぬけきっていないどころか、千五百弗の留学費を使い果して、コペンハーゲンでも借金を背負ってニューヨークに帰っているほどだ。

とはいうものの、人口四百万の小国の、首府コペンハーゲンには、競争社会アメリカとは異なるゆったりとした時計が廻っており、少壮教授マドセンはエジプトたばこをパイプでくゆらし、熱い紅茶をすすりながら、たっぷりと休憩をとって香気あふれる会話を楽しむといった調子で、若い蛇毒の研究家に接したから、野口は初めてヨーロッパ文化の懐の深さを垣間見ることができた。

二月になって、故国に関する衝撃的ニュースが入ってくる。デンマークに近接する大国ロシアと故国日本のあいだに戦端が切って落されたというではないか。野口は早速街に出て英、独、仏のほかデンマークのあらゆる新聞を買いこんできて、戦況に目をそそぐ。独、仏両紙は親露。英は親日、小国デンマークはロシアに面従腹背……。矢も楯もたまらず、電報為替で東京に時事新報を注文した。思うに、福沢諭吉の尺度を野口が指針としようとしていたのは、興味深いことだ。故国日本には研究に没頭するあまり、日露戦争のあったことも知らぬ学者がいたというのに、野口英世は戦況に一喜一憂する愛国者であった。血脇守之助に宛てて、ジレンマを吐露する。

〈日露戦争開始以来、日夜戦争の事のみ屈托し、研究も面白からず候。〉

一年間の欧州留学は夢のように過ぎ、一九〇四年十月、コペンハーゲンを発った野口は、フィラデルフィアではなくニューヨークに向う。そこには新設のロックフェラー研究所が彼を待っているはずなのだ。

ロックフェラー研究所へ

一年間のデンマーク・コペンハーゲン留学を終えた野口には、新設ロックフェラー研究所助手のポストが待っていた。一九〇四年十月のことである。以来一九二八年、五十一歳で世を去るまでの二十四年間をここで過ごしたことを考えると、野口英世の後半生の光と影とはロックフェラー研究所とともにあったといって過言ではないだろう。

中山茂さんの『野口英世』（岩波同時代ライブラリー）に「医学研究における国別発見数」という十九世紀から二十世紀初頭にかけての英・独・米の医学研究をグラフ化した興味深い表が載っている。十九世紀前半、イギリス医学と併走していたドイツ医学が一八三〇年を分岐点として活力をまし、ほとんど十九世紀後半の医学研究を主導したことがわかるが、一八七〇年を起点としてそれまで低迷していたアメリカ医学が急速に力をまし、二十世紀初頭にいたって、ドイツに代わって世界の医学研究に主導権を確立する劇的な変化がこの表に現われている。

この劇的変化を演出したものこそ、ロックフェラー研究所の設立に示されたアメリカ医学界の活性化であり、野口はまさにその渦中にとびこんでいったことがわかる。

一九〇五年の年頭、野口は郷里の恩師小林栄にあてた手紙のなかでこう書いた。

〈十月一日より小生の将来属すべき新設のロッケフェラー医学研究所に出勤、爾来着々研究に従事しつつあり候。ロッケフェラー氏は世界一二の富豪（石油ニて資産を造りし人）ニて、医学の進捗を扶けんとて、二千万円資を投じ、研究所を新設せり。其所長は小生の教授フレキスナー氏当選致居候。……所員も未だ其数少なく、所長と共ニ総計七人に候。小生は幸ひニ第三番の席に据えられ申候。給料は一ヶ年千八百弗、即ち月々百五十弗（三百円）づゝ、ニ候。漸時昇進すること、存候。何れ小生より年長の米国人等が小生の次席以下に在り、満足し居るを見れば、小生も大ニ満足すべき地位に相成申候。日本人ニて斯(か)かる位置を得たるものは例少く候と存候。〉

ちょうど四年前の年の暮、フィラデルフィアにたどりつき、暗い下宿で髑髏(どくろ)の絵をかいて孤独をまぎらし、わずか八ドルの手当てで蛇毒の研究を始めたことを思い起こすと、まさにアメリカン・ドリームの体現者がそこにいた。血と汗であがないとった夢だった。

とはいえ、「自由と競走」の原理につらぬかれたアメリカ社会に生きぬくためには、黄色い皮膚と左手の障害という、二重のハンデを持つ野口にはつかのまの平安もありえなかったといってよく、それがまた同時に彼のあくなき研究の機動因とも生の原則ともなっていったといってよいだろう。

一九〇七年七月、恩師血脇守之助に宛てた手紙に当時の野口自身の肖像が映しだされている。

〈回顧七星霜(せいそう)の昔恩師諸共に箱根の温泉に浴せしことを只今突然胸底に想起し候。其後炎暑を経しこと茲(ここ)に六回、而も一度びも胸襟を開き、心神を安からしめしこと無之(これなく)候。朝から夕まで異邦他郷の感去りしことなく、これで病気にならぬは却て妙な位のものに御座候。偶(た)まには事業不如意の事もあり、左(さ)なきだにイラ立ち居る気持の堪忍袋の七裂八挫せんかと思ふ瞬間も有之(これあり)申候。年毎に性質の円満を破り常識の完熟を欠くに至るは、実に人其者(そのもの)の罪にはあらで、境遇の如何(いかん)に依るものなるを自覚し申候。〉

ここまでを前置きとして、野口は最近古巣のペンシルバニア大学からマスター・オブ・サイエンスの学位を贈られたと報じ、ついては日本政府の医学博士の学位を請求したいとつげる。風の便りに昔の友人何人かが最近博士になったときくが、欧米の医学界で広く知られているのは北里、志賀につづいては野口の他はなく、自分は近くカーネギー研究所から蛇毒研究の集大成が出版されるほか、最近出版される毒物、化学、病理などの書籍に野口の名の連なっていないものは少く、「小生は充分に博士の価値ある者と信じ居申候」といいきっている。トラホーム研究は中断しているものの、結核治療法、家畜病の、二、三の治療法をつづけている自分は、近く研究所の Assistant（助手）から一段上って、Associate（副所員補）に昇格するはずだとも伝えている。満々たる自己顕示の欲求と粗野といってよいほどの素朴な上昇指向とが、重いハンデにうちかち、不安をふり払う武器であった。少年時代に培ったナポレオン信仰は持続し、睡眠時間もぎりぎりまで削って実験にうちこむ。眉をしかめている白人たちを尻目に、論文をつぎつぎに量産しつつ、彼はロックフェラー研究所のなかで、Associate から Fellow へ、Fellow から Member へと、じつに十年間であっというまに階段を昇りつめることができたのだった。

蛇毒研究の集大成——絶頂期

蛇毒の研究の集大成は免疫学への道をきり開いたという点では、野口は幸運なスタートをきったといえるだろう。危険な対象ゆえに解明のおくれていたこの分野に、投網（とあみ）をかけるような猛烈作業によって、蛇毒を神経毒、出血毒、溶血毒と分類・証明してみせた野口の業績は、欧米の学会の注視をうんだ。

トラホームや結核治療法の研究では、ついに目ざましい結果を生みはしなかったけれども、ドイツのシャウディン、ホフマンによる梅毒病原体トレポネーマ・パリドゥムの発見が発表されるや、いち早くその追試にとりくみ、「トレポネーマ・パリドゥムの純粋培養」をつげた一九一一年の野口の論文は、世界の細菌学者に衝撃を与え、その二年後、進行性麻痺の脳二百と脊髄癆（せきずいろう）患者の脊髄十二の組織から梅毒病原体トレポネーマ・パリドゥム（スピロヘータ）をみごとに検出してみせたとき、野口は世界の病理学のオリンピックともいうべき細菌発見レースの最後のトップランナーに躍りでていたといってよい。

その夜、アパートに持ち帰った何百枚のプレパラートのなかからスピロヘータを顕微鏡でとらえた野口は、下着のまま、向かいの部屋の友人堀市郎のところにかけこんできて、「見つかった、見つかった」と踊り狂って喜んだあと、着更えも早々に所長フレクスナーの家にかけつけ、叩き起こして朗報を伝えたのが、夜明けの五時だったと語り残されている。

梅毒病原体が脳をおかしていたことの証明は、精神病学界を震撼させるに十分な発見だった。病原体がつきとめられれば、この領域の治療の道が開かれていくという、福音の鐘だったからだ。

この年、研究者としての野口はエネルギーに充ちあふれた絶頂期にさしかかっていたのではないだろうか。トレポネーマ・パリドゥムの発見と前後して、同じ方法で狂犬病の病原体を培養し、小児麻痺の病原体が濾過器（ろかき）を通過するのを確認して、次つぎに論文を発表した。ロックフェラー研究所に野口ありの名声はヨーロッパに鳴りひびき、この三大発見の業績をひっさげて、彼は二度目のヨーロッパ行きを果たす。ウィーンの学会をおえるや、ドイツ医学会長フォン・ミューラーに招かれてミュンヘンへ、エールリッヒの招待でフランクフルトへと、各地を巡回して講演をする野口に、ノーベル賞のよび声が高かったのも不思議ではない。野口英世の最も得意な時だったといってよい。この名声がおのずから日本学士院賞を手許によびよせ、一年おいた一九一五年のたった一度の故国への帰還の旅へとつながっていく。

陥穽（かんせい）

ロックフェラー研究所における野口の研究室は、いつも無数の試験管が雑然と並び、それらの試験管を洗うのさえ、自分でやらなければ気がすまなかった。培地の精製なども、野口の技術は神技（かみわざ）に似て、他の誰もまねられぬ工夫がこらされていた。そのようななかで梅毒病原体の純粋培養が行われ、矢つぎ早に発表されていった野口の大発見の数々は、「疑問の余地のない証明」という彼自身の言葉とはうらはらに、他者の追試による証明を不可能とした。科学的追試の不可能な発見は科学の名に値しない。そこに「他者の追試できないことをやってのけられる細菌学技術の巨匠」というありがたくない称号が与えられる余地を残したばかりか、やがて世界の科学者たちの猜疑の目が野口にそそがれるようになるのは、彼らが追試に失敗しつづけた徒労のはてでもあった。

陥穽は、ロックフェラー研究所という巨大なおそるべき空間のなかにあったといってよいだろう。野口に課されたものは、世界の細菌発見競走のなかで、つねに脚光をあびつづけるような派手な発見をしつづけることであり、そのためならば所長フレクスナーはいかなる便宜も惜しまぬという仕組みのなかに、野口は生きていたのである。

彼の研究の一段階毎の結果は、自己の発見を丹念に検証し、その意味を慎重に考察するという方向をとらず、野口をより劇的な段階をめざす螺旋形の上昇運動に巻きこんでしまった。と、伝記作者のイザベル・プレセットは、晩年の研究の行きづまりと焦燥と孤独に生きる野口の後姿をいたわるように描いている。

学士院恩賜賞の授与された一九一五年の秋、十五年ぶりに祖国に帰った野口は、日本の病理学にも目ざましい発展があるのに気づく。稲田竜吉のワイル氏病原体発見と伊東徹太による純粋培養、新潟医専の恙虫(つつがむし)病研究などだ。これがやがて帰米後の野口を、ウィールス研究へと進ませ、さらには運命の黄熱病へと彼をいざなうことになる。

黄熱病に挑む

元来、アフリカ西海岸や中米大西洋岸の風土病であった黄熱病が、海運の発展にともなってアメリカ本国にまで運ばれ、ニューオーリンズなどの港町の人々に「イエロー・ジャック」とおそれられるようになるのは、十九世紀末から二十世紀初頭にかけてのことだ。フランスによるパナマ運河建設工事の挫折の背後には、マラリヤと黄熱病の猖獗があったといわれるが、運河経営をフランスに代って独占したアメリカにとって、黄熱病の克服は国益にかかわるものとなっていく。ウォルター・リード軍医大佐の主導する「黄熱病研究委員会」は熱帯シマ蚊の雌が媒介することをつきとめ、蚊の撲滅をもってパナマ運河はようやく一九一四年に完成した。しかしカリブ沿岸には間欠的にイエロー・ジャックが現われて猛威をふるった。熱帯シマ蚊の運ぶウィールスをつきとめ、ワクチンをつくれ！　ロックフェラー研究所が存在証明を手に入れるに、これほどの好材料が他にあっただろうか。

十五年ぶりの里帰りから帰米した野口は四十代にさしかかって、ようやく長いスランプを迎える。神技にもいくらかのゆらぎが生じ、実験中に誤ってピペットから病菌を吸い込むようなことがあったかもしれない。一九一七年五月から翌年にかけて、大病にかかった野口は何度か生命の危機をくぐったほどだ。それは偶然にも四十二歳の厄年にあたった。

病癒えた野口の鬢に白いものが目立った。同郷の製薬会社社長星一の喜捨で山荘を持った野口は、珍しく絵筆をもち釣竿をにぎる余暇をたのしんだ。働く以外の楽しみを知らぬ男がである。明らかに、研究者としての老境の入口に立っていたといってよい。その野口に、エクアドルへ飛べと最も過酷な使命を課したのは、ほかならぬロックフェラー研究所であった。野口にとって、フレクスナー所長は全能の神であり、フレクスナーにとって野口は奴隷にも似た善良な助手でありつづけた。野口が日本から持ち帰ったワイル氏病（出血性黄疸）の研究法をもってしたら、黄熱病原菌を捕えることは難くない。たとえ失敗しても君なら別の病原微生物を何とか見つけるだろうと肩を叩いて、野口を黄熱の荒野に送りだしたのは、ほかならぬフレクスナー所長であった。

レプトスピラ・イクテロイデスの分離を発表したのは、野口がエクアドルについて九日後のことだ。あまりに早い発見、あまりに拙速の発表。一説によれば、現地エクアドルの医師たちが野口に渡した患者の血液は、黄熱と混同してワイル氏病のそれだったのではないかともいう。この発見にもとづいて、ロックフェラー研究所は大量のノグチ・ワクチンをつくって被害地に送った。ノグチ・ワクチンをうって黄熱地帯に入った何人もの若い研究者たちが、次つぎに死んでいった。レプトスピラ・イクテロイデスが黄熱病原菌でないことは白日にさらされ、野口の名はおろか、ロックフェラーの権威に深い傷をそれはきざみつけかねなかった。

一九二四年七月ジャマイカ会議は、野口の眼前で彼の研究を事実上否定する。失意のなかで野口はしばしば残された平安のときを、オロヤ熱の研究に向け、最後にして最良ともいうべき珠玉のような業績を残しつつ、黄熱病の猖獗の伝えられたアフリカのアクラへと遠征に旅立たねばならぬ窮地へと追いこまれていた。濾過性病原体という見えざる敵に向かって、顕微鏡で立ち向かおうとする野口には、どこかドン・キホーテに似た悲しみがただよっていたと思わずにはいられない。

クリオ（歴史の女神）の使徒

朝河貫一

朝河貫一

太陽の野口、月光の朝河

『野口英世書簡集』の巻末に、朝河貫一という人物にあてた英文の手紙が載っていて、つぎのような訳がついている。

〈
拝啓　朝河貫一様

一九二一年九月九日　ニューヨーク

私は、あなたに『日本経済学史』の本を送る約束を忘れてしまった訳ではありません。しかし、本が余りに多いので、一番都合の良い郵送方法が、思いつかないのです。

多分その方法は、私は一度に一冊ずつあなたに送っていくのがベストでしょう。あなたが私にその一冊を戻してくれたならば、私はあなたが次への準備ができたとわかるでしょう。この方法でいけば、私は小包郵便で全部の本を送ることができます。

私は、あなたや三浦氏と快く過ごした晩のことを思い出しています。私は、あなたに会って本当に幸せだと思います。

敬具

野口英世〉

この手紙の書かれた一九二一年当時、野口はすでに運命の岐路ともいうべき黄熱病の研究に踏みこみ、彼の発表した黄熱病原菌に対する疑問が一部に持たれ始めていたとはいえ、その盛名の絶頂期にあったといってよい。野口がイエール大学に招かれた折りのこと、会話が朝河の研究分野に及んだとき、野口は日本経済史関係の本が手許にあるからお見せしようとでも、約束したのであったろう。

同じ福島県に生れ、ほぼ同じ頃前後してアメリカに渡り、ニューヨークとニューヘブンという指呼の間にいた二人が会う機会があったとしても不思議ではないが、この一通の手紙を除いて二人が親しく交わったことを示す資料はのこされてはいない。同じ学究の道をえらびながら、二人の個性があまりにかけはなれていたことが、この二つの星を滅多に相会うことを許さなかった結果でもあろう。野口の生涯が灼熱の太陽だったとすれば、朝河のそれは闇を照らす月光におきかえることができる。

朝河貫一は一八七三（明治六）年十二月二十日、福島県安達郡二本松町根崎下ノ町新長屋に生まれた。野口より三歳年長にあたる。父正澄は二本松藩士宗形治太夫の次男で、戊辰の役の翌年同藩旧砲術指南朝河家の未亡人ウタに入夫した。このとき朝河家には、姑ヤソのほか、ウタと先夫照成とのあいだに生まれた幼いイク、ナミがいた。照成は水戸天狗党鎮圧のなかで戦死し、あとに残った祖父八太夫も、戊辰の激戦に斃れたものと思われる。幕末維新の動乱は、朝河家に深い傷痕をきざんだ。

女ばかり四人がとり残された朝河家に、宗形正澄が入夫したのは、藩砲術師範の跡を絶やしてはならないという周囲の慮りもあってのことだが、正澄が朝河八太夫の砲術の高弟でもあったからにちがいない。女四人の家庭をすすんで引受けたところに、「目先の己れ、身の利害」で動くような人物でなかったことが示されている。

朝河家に入った正澄がのち秩禄処分の際に書いたと思われる経歴書が遺されており、そこには戊辰戦役のなかでの正澄自身の行動が詳述されているが、「七月二十九日未明敵軍二本松ヲ総攻撃ス、総勢二万七、八千ト云フ。味方合シテ六百余人衆寡敵セズ午前九時落城」の後、米沢方面に落ちのびていく状が冷静に記され、一言の言い分けも混ってはいない。戦い終って二本松に帰った正澄は、まだ硝煙のただようような九月、朝河家を継いだことになっている。

朝敵の汚名を着せられた二本松の人びとの維新後の暮しはきびしかった。廃藩置県の事後処理を終った正澄は、「二等授業生」として伊達郡立子山（たてごやま）小学校に赴任する。学制発布とともに小学校の代用教員に採用された朝河正澄は、まだしも幸せといわなければならない。

そのころ、朝河家に初めての男子が生まれ、論語「吾ガ道、一ヲ以テ之ヲ貫ク」から貫一と名づけられたが、生活の心労からか母ウタはまもなく世を去っている。戊辰戦争が朝河家の人びとの心にきざみつけた精神の外傷が、貫一少年の成長過程に、より深い精神性となって投影していったとみることができる。

伝説をのこした少年時代

幼いころ左手に火傷を負った野口清作が、その肉体的ハンデを触媒として医の道をきり開いていった悪戦苦闘の姿に比べれば、朝河貫一の少年時代はどれほど恵まれていたことか。「神童」とも「朝河天神」ともうたわれた少年は、一八八七（明治二十）年県立福島尋常中学校

（のち安積中学校と改称）に進み、ここでも抜群の成績をおさめ、いくつかの伝説をのこしている。英和辞書を一日二頁暗記することを自らに課した貫一は、暗記し終った頁を食べてしまうこととした。紙は繊維質に分解して排泄されるにはちがいないが、印刷された英単語は血肉になって体内に残留すると信じてのことだったのかどうか。頁をすっかり食べ終えて、あとに残った固い表紙を、貫一は校庭の傍らの桜の根方に埋めた。いつしかその古木に〝朝河桜〟の異名がついて、今日に伝えられている。

創設まもない安積中学校には、ハリファックス先生というお傭い英人教師が赴任してきていたが、口数少い東北の少年たちが敬遠しがちななかで、英和辞書を血肉とした貫一少年はひとり大いにハリファックス先生に親しみ、かつ愛され、卒業生総代にえらばれた貫一の口からは流麗な英語の挨拶が流れだし、なみいる来賓をおどろかした。このような中学生の胸に、留学の夢が育まれていったとしても不自然ではない。

とはいえ、父の薄給を考えれば、中学校卒業後の進路もままならず、数カ月の代用教員でいくらかの費用を捻出しなければならなかった。中学三年の貫一が、資産家の友人の父親にあてて書いた長い手紙がのこっている。将来の学費援助を願い出たものだが、自分が何故に学を志すかを披瀝したなかに、こんな一節がある。

〈我父、嘗テ其資ナキヲ患ヒ、愚ヲ師範学校ニ入レントス。而シテ愚ノ願切ナルニヨリ……翻然志ヲ改メ、奮テ資ヲ給シ、愚ヲシテ尋常中学ヲ卆ヘシメ、進ンデ高等中学医学部ニ入レシメントセリ。医ハ国ニ対シテ義ナルカ、夫レ然ラン。価多キカ、多カラン。縦令、国ニ義ナルモ、価多キモ、只一愚ノ性質ニ通ゼザルヲ如何セン。此道ヲ取ルニ意ナキノミナラズ、若シ強テ之ヲ進マバ、其失敗ヲ見ン事眼前ニアラン。只性ニ適スルノ人之ヲ取ランノミ。愚ニハ毫頭適セザルナリ。然ラバ、愚ノ欲スル所何ゾ。文学ニアラズ、法律ニアラズ、政事モ適セズ、工農亦能ハズ、医ト兵トハ最モ遠シ。只一途アルノミ、商業是ナリ。……〉

十五歳の少年の結論は平凡だが、思考の道筋は着実であり、自分の進むべきは商業と決めるや、職業に貴賤のないことから説きおこし、将来の産業社会を展望しながら国家的意義を考え、パナマ運河の開削にふれながら、世界貿易にまで説きおよんで、「愚ノ目的ヲ定ムルハ、忠ト適ト値トノ三字ヲ標準トセリ」と結ぶあたりは、十五歳の少年とは思えない構想力の片鱗が示されている。学費援助の依頼でありながら、いささかの卑屈さもただよわせていないところに、自ら侍むものが貫一の心に充ち満ちていたことが見てとれる。けれども、この依頼はかなえられることはなかった。

安積中学を卆えたあと、数カ月間の助教生活で貯えた資金を抱いて、東京専門学校（のちの早稲田大学）文学科に進んだ朝河は、より深い思索力を身につけつつも、心に海外雄飛の夢は抑えがたいほどに膨らんでいたかにみえる。アメリカから帰朝した牧師横井時雄にめぐりあい、本郷教会で洗礼をうけたことも、渡米の夢に拍車をかけることになったかもしれない。明治二十年代の青年にとって、ヨーロッパは官の途であるのに引きかえ、アメリカは民の途といったおもむきがありはしなかったか。そこに行けば、体力さえあれば皿洗いや芝刈りをしてでも、何とか学校に通えるかもしれないという期待。幕末の思想家横井小楠の血をひく横井時雄は若くしてアメリカに渡ったパイオニアであった。アンドーバー神学校で机を並べたウィリアム・J・タッカーが、いまではダートマス大学の学長になっている。

そのわずかな糸が、横井の再渡米で、ぐっと近くにたぐりよせられたのは、一八九四年二月のことだ。学費と寮費を免除することができるだろうというタッカー学長の確答がよせられたとき、あとは卒業までに二百数十円の渡航費を工面することだけが残された課題となった。

"サムライ" 朝河、アメリカへ

野口英世における血脇守之助と朝河貫一における横井時雄、野口におけるフレクスナー博士と朝河におけるタッカー学長。二人のあいだにはおどろくほど相似の人間模様が織りなされている。渡米の可能性を前にして、朝河貫一もまた、野口同様、郷党の知人友人に自らの能力に賭ける融資を呼びかけている。

たとえば小学校時代の友人で醤油屋を継いだ渡辺熊之助にあてて、

〈君に願ふ所は其資を貸さんこと也。志皆予期と反し、今にして一介の書生、余暇を用ゐて二百余金を作るの難(かた)きを知れり。出発は来秋なれば、今は只君が答書を煩はし置けば足れり。もし難んぜば、其一部にても可なり。〉

と書き、同じく小学校時代の友人田辺良平が恋愛に煩悶しているのを慰めた手紙の末尾に、

〈君少し金の工夫は出来ぬか如何(いかん)。返金の法は帰朝後無利にて追々返さんといふニあり。御

一考被下度（くだされたく）候。御返事は早きがよろしく候。〉

と書くというふうに、依頼とは似つかわしくない高飛車な手紙を乱発したおもむきがある。なかには、そのために気まずい関係になってしまった友人知人もいたが、薄給のなかから五円の為替を送ってくれた中学時代の友人高橋春吉や竹内松治などとは、海をへだてて終生通信を交わしてもいる。

一八九五年七月、同級に綱島梁川、五十嵐力といった俊秀がいたなかにあって、朝河は東京専門学校を首席で卒業し、その年の末十二月七日、横浜を出航して米国に向かった。二百余円の渡航費の大半は、大西祝、大隈重信、徳富蘇峰、勝海舟、渡辺弥七らが援助したが、わけても若い恩師大西祝はドイツ留学を前にしてその準備金のなかから百円をさいて朝河に与えた。

その大西祝が嘱望されながら早逝したのは一九〇〇（明治三十三）年秋のことだが、イエール大学の大学院にあって恩師の急逝を知らされた朝河は、大西夫人・幾（いく）にあてて書き送った追悼の手紙の末尾に、次のように添えることを忘れなかった。

〈当地に渡り候節、先生より金百円を拝借いたし候。是は今日学生の身ニテ返却致兼候（いたしかねそうら）へども、数年の中ニハ元利取揃御返済申上候。〉

この手紙の収められた『朝河貫一書簡集』の注には、「大西没後、利子を加えた百六十二円を、徳富蘇峰を通じて未亡人と子息定彦に返済した」と記されている。

明治の俊秀が海の向うに渡るとき、多くの場合、郷党が力を添えた。戊辰（ぼしん）の役で朝敵とされ壊滅の打撃を蒙った二本松藩にそのような余力があろうはずもなく、朝河は幸運にも周囲に右のような理解者たちがあって、彼らの喜捨を集めて海を渡っていった。野口英世が金銭にアバウトでありすぎたのとは対照的に、朝河は生涯を通じて喜捨に厳密に利子までも計って応えた。ダートマス大学で、陽気なヤンキーたちが、K・アサカワを〝サムライ〟のニックネームで呼んだように、ニューハンプシャーの小都市ハノーヴァーに、二本松の下級武士の魂をひっさげて渡っていったおもむきがある。一九〇〇年の元旦、ダートマス大学を卆えて、イエール大学大学院のスカラシップを得た年頭の所感を、朝河は日記にこう書いている。

〈友人たちの犠牲によって保証されたわたしの真理への歩み——それはわたしの歩みの表現をますます推し進めてくれる身うちに増大するエネルギーにある。だから表現の仕方こそ、わたしにとっては重大問題である。この点に関しては、わたしの実際の境遇に多くのものを負うている。故郷からこの異郷にやってきて、人類史上における日本の相対的な地位を知ったことと、歴史学研究によって日本に報恩しようと決意したこととのためであろうと思う。〉

徒手空拳で海を渡っていった若者の目に、故国日本の姿が映し出されたとき、彼は歴史学に身を捧げる決意をしたと読みとれる。

「ウィリアムズ文庫」

一九〇二（明治三十五）年、朝河貫一は刻苦のうちにイエール大学の大学院を卆える。学位論文'A Study in the Reform of 645 A.D.'を日本語に直すと、「大化の改新の研究」になると気づけば、人は、文献もととのっていないアメリカに出かけていって、大化改新の研究をすることの迂遠さを笑うかもしれない。

じっさい当時日本関係の書物を最も多く集めていたといわれるイエール大学にすら、わずか四千点しかなかったことを思えば、研究の不便は想像に難くない。苦学生の朝河にはこの四千冊の蔵書の整理がアルバイトとして与えられたのだが、この貧しい日本関係の書架に隣りあわせて、「ウィリアムズ文庫」と名づけられた中国関係の厖大な文献が並んでいるのに、朝河は目を見はった。春秋戦国にはじまって秦漢、唐宋、明清にいたる宝庫のようなこれらの書物を集めたのは、いったいどんな人物なのか。

「ぼくの父の道楽の結果が、このコレクションになったんだよ」

と、若いウィリアムズ助教授が言った。

一八五三年、ペリーの率いるアメリカ東インド艦隊が日本遠征の途次、香港で一人の宣教師を通訳として雇った。それが、ウィリアムズ助教授の父親だったのである。ウィリアムズ通訳の努力がなかったならば、日米修交の道は開かれなかったにちがいないほどの活躍をしたことを、朝河はこの文庫におさめられているペリーの『日本遠征記』の原本から知ることができた。

「父は宣教師としては失格だったが、合衆国における支那学の道を開いた人で、彼が道楽に集めたこの宝庫によって、ぼくの一生も決められてしまったようなものなんだ」

と、若い東洋学者のウィリアムズ助教授は、父親の集めたその文庫の整理をつづけながら、大学院生の朝河にも、自由にそれを利用することをすすめてくれた。

六四五年の改革すなわち大化改新という、日本初の政治的変革は、もっぱら『日本書紀』の記述によって語りつがれてきたものだが、これを中国の政治思想と制度史の流れから逆に照らせばどうなるか。制度上の矛盾を浮彫りにした朝河の学位論文の骨格は、宝庫ともいうべきウィリアムズ文庫のなかから立ち上ってきたといってよいだろう。その新鮮な視角は、アメリカの若い歴史学界に、朝河貫一の名を強くきざみつけることにもなった。

この年九月の新学期から、朝河は母校ダートマス大学の講師に迎えられ、東洋史、東洋文明論の講座をうけもつこととなり、その翌年には、新たに東西交渉史の講座をうけもった。ときあたかも、東漸する帝政ロシアと日本とのあいだに満州・朝鮮半島における権益をめぐって、鋭い対立が生まれているときであったから、東西交渉史の講座のなかで、朝河の関心が「日露衝突」に向けられていったのも、偶然ではなかった。

『日露衝突』

英文で書かれた朝河の"The Russo-Japanese Conflict"(『日露衝突』)が英米両国で同時に発売されたのは、一九〇四(明治三十七)年二月、乃木希典の率いる第三軍が旅順二〇三高地の攻略に苦戦を強いられ、一方バルチック艦隊が極東を目ざして大西洋を南下しているときと重なる。

序章をふくんで二十一章、三百四十頁にのぼるこの浩瀚(こうかん)な著述は、ダートマス大学での東西交渉史の講義とかかわって生まれたものにちがいない。明治維新以後の日本の産業構造の変化、中国市場への参入、ヨーロッパ列強の清国における植民外交の経過と、おくれて参入した日露両国の満州・朝鮮半島における衝突の背景などが、数字によって説明されたのち、日英同盟、露仏共同宣言といった複雑な国際関係のなか、日露両国の度重なる交渉の経過がたどられ、ついに対露宣戦布告にいたった日本の立場が肯定的に描かれていく。

東京では、日露開戦を前にして、内村鑑三が非戦を唱え、堺利彦や幸徳秋水がこれに和し、『万朝報』を連袂（れんべい）退社するなどの動きがあったが、内村に和するキリスト教徒は皆無に近かった。朝河の日露開戦に向けられた視線は、むしろ日露開戦の翌二月十一日に「民族の〝理想ある進歩〟の実現を期すこと」をうたって、雑誌『時代思想』を創刊した横井時雄、姉崎正治らの立場に近かったといってよいだろう。

請（こ）われれば、朝河は『日露衝突』をもってどこにでも講演に出かけた。その数、三十回を超えたという。祖国を離れているがゆえに、ナショナルな行動がアイデンティティーにつながったともみえるが、その行動にファナティックなものがなかったのは、『日露衝突』の最終章に、「清国の中立と韓国の保全」に対する日本のとるべき立場を明確に示していたことに、見てとれる。それが、アメリカの世論をひきつける結果ともなった。

日露戦時下の朝河の行動には、ときに歴史学徒の域を超えて行われたようなところが見てとれる。アメリカ大統領、セオドア・ルーズヴェルトの和平仲介をさぐって渡米した金子堅太郎の意を受ける形で、イエール大学で行われたシンポジウムには、国際法の権威ウールゼイのほか東アジア史のウィリアムズなどが顔を並べていることからみて、かくれたコーディネーターとして朝河がいたという伝記作者阿部善雄の推測には十分な根拠があるだろう。シンポジウムの結論は、ポーツマスに向けた日本側の交渉案に色こく投影していくことになる。

それを実証するかのように、朝河は一九〇五年八月、二週間にわたってポーツマスのホテルに泊りこんで、日本側オブザーバーとして和平交渉の推移を見守っていた。賠償金問題などをめぐって交渉が暗礁に乗りあげ、ロシア全権が帰国しかけるというタイミングに、朝河は『ヘラルド』に日本側の妥協線を示峻して、和平実現をうながすような論稿を寄せたりもしている。ポーツマスに取材に集まってきていた特派員たちのあいだに、朝河のホテル代はある筋から出ているのではないかとか、さまざまな中傷が流されたのは、それだけ彼の行動が際立ったからにほかならない。

とはいえ、この朝河の一連の行動は他の誰にたのまれて行ったものでもないことは、一九〇〇年の元旦に日記にきざんだ年頭の所感にてらして明らかだろう。

〈この異郷にやってきて、人類史上における日本の相対的な地位を知ったことと、歴史学研究によって日本に報恩しようと決意したこととのためであろうと思う。〉

だが、日露戦争をたたかったあとの日本は、異郷にあるこの歴史学徒の献身にどう応えようとしていただろうか。

二人だけの結婚式

一九〇五（明治三十八）年九月五日、ポーツマスで日露講和が成ったという第一報が入ったその日、日比谷で講和反対の国民大会が開かれたが、群衆はモッブとなって会場から流れだし、たちまち交番に火が放たれ、数寄屋橋方面に向かった群衆は徳富蘇峰の国民新聞社を初め、政府系の各社を襲って焼打ちにするという事態に発展し、桂内閣は翌日勅令をもって帝都を戒厳令下におかなければならなかった。

日比谷騒擾事件を伝える外電を、ハノーヴァーにもどった朝河がどう受けとめたかはわからないが、ボストンの『アトランティック・マンスリー』から寄稿を求められた朝河は、「新条約下の朝鮮と満州」という題のもと、機会均等を基調とする新しい東洋の秩序にもとづく平和のあり方を説いた。

ペテルスブルグでは東京のようなファナティックな反応はみられなかったものの、十月に入ってモスクワやカザンで起こった鉄道ストが、またたくまにゼネストとなって全国に波及するなかで、十月二十六日ペテルスブルグに初の労働者代表ソヴェトが成立し、ツァー政府の根幹にふれるような、東京とは全く方向のちがう動きへと発展していく。波瀾に充ちた世紀は速度を早めて動きだした気配だ。朝河貫一の一身上にもひとつの大きな転機が訪れようとしている。

ふり返れば、彼が日本をあとにしたのは一八九五年、またたくまに過ぎた十年のなかで朝河が獲得した歴史の視座の座標軸にはつねに祖国があった。日比谷の焼打ち事件のニュースは祖国の不気味な変容を伝えてやまない。十年ぶりのその変容を見定めなければならないという衝動が、朝河を帰国にかりたてたといってよいだろう。

帰国を前に、なすべきことが幾つかあった。かつて十年前渡米費を提供してくれた友人知己へ、それぞれ為替をくんで送った。父の正澄からは写真つきで縁談のすすめがきていたが、これを断るとともに、十月ニューヨークのクラウンポイント教会で、大学院時代から交際をつづけてきたミリアム・J・C・ディングウォールという五歳年下の女性と、二人だけの結婚式をあげた。

ダートマス大学の学長タッカーは朝河の一時帰国を快く認め、一年半後に年俸を千五百ドルにして待っていると言ってくれた。日露戦争はアメリカ人の日本への関心を、猜疑をもふくめてかきたてた。イエール大学の日本関係の蔵書はあまりに貧しく、朝河の一時帰国に際し蒐書(しゅうしょ)の資金五千ドルを支出する用意があることが確かめられるとともに、将来シナ学科と並んで日本学科を設けるにあたって、朝河をイエールに招く用意があるとも伝えられた。今後の米日関係を考えるとき、米国議会図書館の日本文献の充実は緊急の課題だ。

議会図書館もまた、イエールと同額の五千ドルを支出することになるだろう。ことはとんとん拍子に運んで、十二月二十七日、いままでの経過をくわしく父正澄に書き送ったが、ミリアムとの結婚のことだけは、ついに文字にすることはできなかった。

一九〇六(明治三十九)年二月一日、朝河は横浜に向けてシアトル港をあとにした。

最後の日本語著書

十年ぶりの帰国、そして一年半にわたる長期滞在は、米国議会図書館とイエール大学図書館に送るべき厖大な日本語図書の選定という大きな公務を背負ってのことだったが、日露戦後の祖国の姿を直視することも、朝河が自らに課した仕事のひとつだったといってもよい。

自らに課したその宿題を、朝河はアメリカにもどって翌一九〇八（明治四十一）年四月に筆を起こし、半年余かかって脱稿した。

分厚い原稿は早稲田の先輩高田早苗、坪内逍遙にあてて送りとどけられ、同窓の増田義一の経営する実業之日本社から出版されるにあたって、坪内によって『日本之禍機』と題された。

坪内逍遙の『当世書生気質』に登場するダメ医学生野々口精作の連想から、かつて野口清作は英世と改名したことがあったのを思い出すが、わたしは坪内逍遙といえば、『当世書生気質』とシェイクスピア作品の名訳のほかはあまり知らない。その坪内が朝河の論稿に通底する祖国日本の“Crisis”への憂いを汲みとって、それをお座なりな「危機」ということばに代えて「禍機」とあてたことに、さすがと感服せずにはいられない。『日本之禍機』の上梓にあたり、坪内逍遙は在米の朝河に代って、再校、三校と最後まで校正の労をいとわなかった。

日露の開戦にあたって、日本は中国の領土保全と列国の機会均等の二原則を掲げ、ロシアの膨張を批判した。その限りにおいて日本は植民地競争に汚れた十九世紀的旧外交を超え、二十世紀をきり開く新外交の地平が見えていた。ところが、日露戦後の日本は自らの公言をひるがえして、満州の利権独占、中国の主権侵害に向けて官民ともに狂奔しはじめている。その現実を綿密に分析しながら、アジアの平和を攪乱《かくらん》する主役におどり出ていくであろう日本と、太平洋を挟んで日米がのっぴきならない関係になっていくであろう二十世紀の最大の問題を、朝河の透徹した史眼はしっかりととらえているのである。

日露戦争下のアメリカで、朝河は『日露衝突』を英文で書いた。祖国日本の義のあるところを説いて、英米人の支持を得るためであった。三十一歳の朝河の心のどこかには、いつの日か祖国に帰る気持が動いていたかもしれない。じっさい、十年ぶりの帰国に際し、早稲田にポストがあれば……そんな希望が微《かす》かなりとあって、不思議はなかった。『日露衝突』を英文で書いた朝河が、『日本之禍機』を日本語で書き、日本で出版することは、『日露衝突』を英文で書いたものの道義的帰結というべきだった。そのとき、朝河貫一は三十六歳。

ふと気づけば、彼の心のなかに、いつの日か祖国に帰ろうという希望は、燃えつきる蝋燭《ろうそく》の灯に似たものになっていた。『日本之禍機』以後、朝河に時事を論じた日本語の著作はない。

図書・資料の収集

一九〇六（明治三十九）年四月、朝河は親しい編集者W・S・ブースにあてた手紙のなかにこう書いている。

〈十五日間の航海ののち、二月十六日に横浜に到着しました。……イエール図書館と議会図書館は、私に当地滞在中に大規模にして組織だった日本資料のコレクションを収集することを依頼しました。この二館は、寄贈や交換で受ける資料以外に、八千ドルから一万ドルの図書購入予算をかける計画で、これは海外では最も優秀な日本図書館になると思われます。もちろん各専門分野の最高権威の助言を受けて、このコレクションをあらゆる面で徹底的にして組織だったものにする積りです。〉

いまから十数年前になるが、わたしはワシントンに行ったついでに、米国議会図書館を訪ねたことがある。あらかじめアポイントをとっておいたためか、東洋部長さんのデスクの上には同図書館の蔵書中からコンピューターでうちだされたわたしの著述リストがあって、のぞいてみると、すでにわたし自身忘れかけていたような雑誌記事まで入っていて、恐れ入ったことがある。きけば、その時点で日本関係の書籍は七十万冊をこえるということだった。

東洋部長さんは、遠来の客であるわたしを書庫に案内してくれたが、奥まったところに金網でかこわれたコーナーがあるのを示しながら、それが朝河博士の手で一九〇七年に蒐(あつ)め送られてきた貴重本なのだと説明してくれた。それは、米国議会図書館の日本関係書の礎(いしずえ)になったものとして、いまなおこの書庫の記念碑的財宝と遇されているのだと、わたしには思えたのだった。伝記作者の阿部善雄は、こう書きのこしている。

〈朝河が図書・資料の収集にみせた手腕は見事なものであった。帰国期間は一年半であったが収集に費やすことができる日数はおのずから限られていた。しかし、彼がアメリカ議会図書館にもたらした図書は約三千百六十種（四万五千冊位）といわれ、これが日本で洋風に製本し直されて送られ、九千七十二巻にのぼった。イエール大学のばあいは洋風製本で三千五百七十八巻（二万千五百二十冊）を数えた。今日両者は海外でも有数の日本関係図書の所有者であり、前者の日本語資料は六十八万巻、後者は東アジア部の三十三万巻のうち十二万巻がそれであるが、朝河は最初の組織だった収集を果たすことによって、両者のその後の発展の基礎をきずいたのである。〉

明治の前半、浮世絵や仏像などが滔々（とうとう）と欧米に流出していったことを熟知していた朝河は、孤書は必ず写本にして蒐（あつ）めることを原則としたが、関東大震災や戦災でオリジナルが失われたにもかかわらず、そのコピーが議会図書館やイエールで命永らえたというケースも珍しくはなかった。文部大臣牧野伸顕の理解のもと、東京帝大を初め多くの機関や、東大寺などの寺社や、幸田成友のような篤志家など、多くの協力を仰ぐことのできたのも、若き学究の太平洋に橋を架けようとする情熱に揺り動かされた結果だったことは明らかだ。

それから十数年を経た一九二三（大正十二）年十一月三日付の、米国議会図書館長B・パットナムにあてた朝河の書簡には、こう述べられている。

〈　親愛なるパットナム殿

世界大戦後、議会図書館があなたの指揮のもとに、ルーバン大学（ベルギー、第一次大戦で被災）図書館に救援の手をさしのべたことにかんがみ、関東大震災の被害をこうむった東京帝国大学図書館およびその他の東京市内の図書館のためにあなたにお頼いいたします。日本人大使館員よりお聞きのことと存じますが、帝国大学だけでも約五十万冊の蔵書を焼失いたしましたが、そのうちの三万から四万冊はかけがえのない稀覯書であります。……〉

東大から派遣された高柳賢三によりそうように、朝河は救援のため奔走した。むろん、本の救援も必要だが、朝河がパットナムにとくに望んだのは、アメリカの新しい図書館の設計図、図書館学校や図書館活動の在り方など、焼け跡に建つ新しい図書館像についての基本的な情報提供だったことも、学究朝河貫一の見識を示している。

妻の死

七万冊の書物を背負ってアメリカに戻った朝河には、二人だけの結婚式を帰国前に挙げていた妻のミリアムと、日本文化史の講師のポストがイエールで待っていた。帰米一カ月後の一九一七年九月、二人はワシントンの日本大使館におもむいて、大使青木周蔵夫妻を媒酌として、神前に正式な契りを結んだ。

船便で出した二万五千冊の書籍がイエールにとどいた十一日、大学図書館の東アジアコレクションの部長を兼ねることになった朝河は、生涯、この職務を愛してやまなかった。

帰米三年後、彼は大学院日本文化史担当の助教授に昇進し、学究生活もほぼ軌道にのったかにみえたその矢先、一九二三年の冬、妻ミリアムが持病のバセドー氏病が高じて急死する。朝河の生涯において、最も幸せな光りに充ちた期間は、こうして短い幕を閉じる。

ミリアムとのあいだに子どもはなかった。以後、朝河は再婚することもなく、異郷にあって孤独の後半生をクリオ（歴史の女神）に捧げることになる。

早稲田大学の創始者として朝河の敬愛する大隈重信が、二度目の内閣を組織することになったのは、シーメンス事件によって山本権兵衛が辞任した一九一四（大正三年）四月のことだ。副総理格で加藤高明が外相に、明治十年代の改進党以来の盟友尾崎行雄が法相の椅子に座ったこの内閣には、大正デモクラシーの期待が寄せられはしたものの、発足四カ月にして第一次世界大戦の難局に遭遇し、やがて対独宣戦布告から、青島（チンタオ）占領、対支二十一カ条要求という覇権の泥沼へと引きずりこまれる運命をたどっていくこととなる。

第一次大戦に中立を保ったアメリカからは、世界の情勢はきわめて客観的に観察することが可能だった。「欧州大戦」とよばれたこの危機のなかに、極東の島国が参戦していくその背後には、あからさまな覇権があぶり出されてくるだけではなく、それが将来東洋における火薬庫になる危険が映しだされているとき、朝河は書かずにはいられなかったであろう。

時々刻々に変っていくアメリカの世論は、対日批判の色彩を強めていく。その動向をつぶさに分析しつつ、対日批判にこめられた一定の根拠を吟味し、グローバルな視点から日本外交のとるべき道を示す朝河の書簡は、率直かつ明晰な論旨に貫かれている。

大隈が朝河の書簡をどう読んだかはわからない。かりにこの若き弟子の論旨を理解したとしても、大隈に外相加藤高明と軍の独走を制御する力はなかったにちがいない。青島の即時返還・膠州湾（こうしゅう）からの撤退は一向に実現しなかったし、日本政府の発信する声明は少しも国際的説得力をもちうることがなかった。

一九一五（大正四）年一月、煮えきらぬ大隈に、いらだつように書いた朝河のことばの幾つかを拾っておきたい。

〈日本の失敗、日米、日支の衝突を希ふ側の人にとりては、始より日本の膠州還附の言質を疑ひて、一時の虚言と見倣し、必ず日本が信義を破り世界に見限られ、又事々に米国及支那と衝突して常に難局に立ち、次第に誇大病毒の為に疲弊衰弱をせんことを望み且つ期し居候。……

今更申すまでもなく、日本は小戦には勿論独逸（ドイツ）に克（か）ちたれども、精神的には久しく独逸に征服せられたる点の甚多き国と存じ候。日本民族と独逸民族とは、神話時代より既に境遇性格共に根本的に異なれるものあり。（中略）日本史全体の上よりいひ、又将来の日本の為よりいふときは、日本一時自ら欺き、自主、自信を忘れて、己れの智性及び理想に背反したる臭気を得たるものなりと見るを得べしと存じ候。……

自国の利害の為に他国（殊に弱国、小国）の利害を犠牲とするは、必ず遂には自国をも禍する罪悪なること。国と国との約定を守ることは、列国交際上一日も欠くを得ざる前単（提）にして、而も最重の要義なること。……

日本もし文明社会の憎まれ者と相成候はば、日本の恃（たの）む所は自国の兵力の外あるまじく、其の負担は恐るべきものなるべく候……。〉

この抜書きのアフォリズムは、不幸にして日本の未来を予言するものとなっていくのだが、大隈に宛てた最後の手紙には、かつて『日本の禍機』で展開した領土保全と機会均等という「対支二大原則」のみでは不十分な状況に突入しているとの認識に立って、こう言いきっている。

〈日本の方針ハ、支那ニ不利を与へて日本の利を得んとするニあらず。支那ニおける西洋人の不利なる方面ニ、日本の利権を得んとするにあらず。之ニ反して日本根本大方針ハ、第一、日本・支那の共利共進是也。第二、日支が平衡を得て、健全なる競争的友邦となり、支那が始めて西洋より与へられる羈絆を脱し、東洋が始めて完全の独立主権を得んこと是也。第三、日支の共進、東洋の自由ニよりて始めて東西の関係を健全なるものとなし、東西始めて相刺激し、相助成するの時ニ到らんこと是也。されバ日支交渉といへども、当面は日本対支那なれども、真の目的は東洋対西洋に在り。〉

「覇権なきアジア外交」の途をきり開くことこそが、大隈に課せられた歴史的使命であることを切々と訴えたこの手紙を最後に、朝河は、英、仏、伊三国への四カ月の調査旅行に旅発っていく。

二度目の帰国

それから二年後、朝河の二度目の帰国が実現するが、それは東大史料編纂所に在籍してもっぱら日本の中世史、とりわけ日本封建制の成立に光をあてることを目標にしたものだったといってよい。一年の留学期限は途中で二年間に延ばされ、京都、奈良のほか、朝河の足跡は四国、中国をへて九州へと延びていく。行きついた先が鹿児島であったのは、戊辰の役に朝敵の汚名をきせられた福島県二本松に朝河貫一が生をうけたことを考えると、いささか皮肉なめぐりあわせと思わずにはいられない。

とはいえ、そこには必然の糸が結ばれてもいた。日露から第一次大戦にかけて、朝河はすでに嫌というほど祖国の政治の心性を見とどけてきたといってよい。維新以来、この国の政治を主導してきたのは西国の人びとであったことを思うと、その人たちの心性の深部にわけ入ってみたいという強い欲求が、この歴史家の胸にわだかまっていたに違いない。

鹿児島から北西に三十キロ、朝河が行きついた先に薩摩郡入来村があって、そこには、北条氏による島津入封以前の封建の遺跡ともいうべき入来院家の中世五百年にわたる文書が、ほぼ完全な形で遺されていたのだった。日本封建制の標本ともいうべきこの貴重な史料を見いだした朝河は、それから二カ月後には北米シアトルに向けて横浜を発っているが、はるか彼方に鹿島灘を目におさめたのが、祖国との永遠の別れだという自覚がこのとき朝河の胸に湧き上がったかどうか。二年間の祖国滞在のなかでめぐりあった一人の女性ベラ・アーウィンへの思慕の方が強かったのとちがうだろうか。そのひそかな思いを日記のなかに閉じこめながら、朝河貫一の『入来文書の研究』がつづけられ、思慕はとげられることなく、研究だけが完成し、『入来文書の研究』は日本に西欧とは異なる封建制度が存在したという事実とともに、歴史家朝河貫一の名を欧米の歴史学界に強くきざみのこしたことだけはまちがいない。

門外漢のわたしに『入来文書の研究』を評釈する能力はない。伝記作者阿部善雄の短いレジュメを引けば、『入来文書の研究』の大意はこうなる。

〈フランスで九世紀より十一世紀までの内乱の時代に発生した領主と民衆のあいだの相互的な封建契約は、イギリスに輸入され大憲章（マグナカルタ）として花咲き、人民の合意による自由獲得の足場に発展していった。これに反して、日本では中国の伝統を引く官僚統治の遺制が、相互的な封建契約の成長を妨げ、さらに豊臣秀吉以後の専制政治がその機会を圧殺するにいたった。ヨーロッパにあっては、自由と正義と義務の観念がやがて近代社会を支配するようになるが、日本で近代を開いたのは、ほかでもなく、武士の忠義心と百姓の平均的な富裕さであった。〉

一九三〇年代、封建遺制をひきずったまま日本の政治が奈落に落ちていく姿を、この歴史家は悲痛な気持で見守っていくことになるのだ。

揺れる心

東大史料編纂所への二年間の留学を終えてイエール大学に朝河が帰って行ったのは、一九一九（大正八）年九月のことだが、翌一九二〇年六月、恩師坪内逍遙にあてた手紙のなかで、第一次大戦後の欧米の教育上の趨勢にふれながら、今後学問研究は「益々（ますます）客観的真実を尊重する態度」が求められてくるようになるだろうが、母校早稲田大学の学風には自由闊達の気風はあっても、客観的事実を的確に研究する態度が薄弱だと批判しつつ、次のように書いている。

〈私ハ当国及欧洲の今後の教育の趨勢を観察して、近頃ハ時々は数年後ニ日本ニ帰りて右の如き方針の進歩ニ貢献しつつ、一方には比較法制の研究及著作を継続しては如何なるべきかと思ふ時あり候。〉

これを端的にいえば、母校に戻って教壇に立ちたいという希望の表明であったが、その背後に、朝河の揺れる心がかくされていた。

十数年ぶりに帰った祖国での二年間の留学の中で、多くの同学の士の協力があって、彼の研究の成果は大きかった。何人かの胸襟を開いて語れる仲間もできた。惜しむらくは、日本の歴史学はタコ壷のように、世界の歴史学からは孤立している。そこに己をおいてみれば、欧米の言語をもって日本の歴史を考え語れる朝河には、架け橋になる役割がありはしないかというのが、坪内にあてた手紙の表向きの趣旨だった。

それから何カ月かの後、彼はまた坪内にあてて長文の手紙を書いているが、これを見ると、「此地に居るよりも日本に還り候方が兼々の目的を追求するに好都合」なるもう一つの側面が、第一次大戦後の結果として浮かび上ってくる。

〈大学に影響せる有様を申候はば、先づ科学、工学等、直接に有用なる学は大に奨励せられ、又社会に関係ある形を取りたる方面の経済社会学（理論的ならざる分）が進歩の傾向著明と相成、史学の如きは米国史と欧州最近史との外には、第一に大学院にて之を研究せんとする人大に減じ候。〉

朝河がイエールの講師となったのは、日露戦争直後、アメリカの関心が強く極東の島国に向けられたときと重なるが、その後、アメリカの世論は極東における日本の覇権に反発し、第一次大戦を契機に、さらにその傾向が強まったことも手伝って、朝河の講義には「両三人」の希望者があるのみとなっていた。それでも聴講希望者があるのはましで、講座によっては一人の希望者もないというところもでてきており、経営学の泰斗であるハードレー総長は、十六万ドル削減計画をうちだしたため、学内に紛議がまき起っていたことがわかる。

史学部に割当てられた削減額は一万ドル、ジョンソン学部長はこれを拒んだため、評議員会は公平を期すため、止むなく次の年度末で契約の切れる助教授朝河と数名の講師の解雇を内定せざるをえなくなっていたのだった。

切羽つまった彼は書いている。

〈もし相応の方法相立ち候はば猶暫く当国に在りて、次の著書を完成致度存候へども、さもなくば今年六、七月頃帰朝仕り、来る九月より早稲田にて尽力仕度存候。〉

契約社会としてのアメリカの大学の非情さに直面して、朝河は故国の恩師にSOSを送らずにはいられなかったことが読みとれる。

そしてもうひとつ、坪内あての手紙には示されていないべつの焦燥が、同じ時期にベラ・アーウィンにあてた手紙に表白されている。

〈ずいぶん長いことお便りを頂けなかったので、何か気にさわることでもあったのでは、と恐れています。……この沈黙と暗黒の日々を、私がいかに堪えてきたかは、くどくど申し上げますまい。……

先刻ご承知のように、私は完全な個人的献身と、その自由な表現をこの手にして初めて、私の授かった最良の天賦を開花し結実させ得るように生れついた人間です。……大いなる神は、貴女という人格を、私の個人的献身の対象として私に与えて下さった。だが貴女は、その心やさしさにも拘らず、この私の真摯な要請に答えてくれない……。〉（石川衛三『朝河貫一の後年を彩った女性』より）

ベラ・アーウィンは東京で幼稚園を営む熱心なカソリックの女性だった。太平洋をへだてた二人の恋を実らせるためのひとつの手だてとして、朝河が帰国して早稲田に職を求めようとしたと想像することは、あながち見当ちがいではなかったのではないだろうか。

けれども、ベラ・アーウィンにあてた手紙のなかで、朝河は坪内あてに書き送ったようなことには一切触れてはいない。恋文に形而下のことを書き並べるのは、朝河の美学が許さなかったのでもあろう。海をへだてて交わされたぎこちないほど純粋な恋文は、いつもすれちがって、二人の恋は成就することがなかった。

早稲田からも、打てば響くような歓迎の返事もこないまま、明けて一九二一年二月、マクミラン社の親しい編集者W・ブースにあてた手紙で、イエールにおける朝河の身分がジョンソン教授やアダムス教授、ストークス事務局長ら歴史学部のスタッフあげての応援によって、辛くも保証されたこと、きびしい緊縮財政のもと給与の半額カットを認めて、助教授のポストにとどまることになったと伝えている。

エポックメーキング『入来文書』

SOSを送ったにもかかわらず、故国の大学からははかばかしい応答が得られなかったこと、ベラ・アーウィンとの恋の実らなかったことが重なって、故国日本が朝河の視界からはるかに遠のいていくなかで、求道者のごとく入来文書研究の完成にうちこんでいく。大学では仏・独・伊・日の比較法制史の講座が加わり、一九二四年の夏休みには二カ月におよぶヨーロッパ調査旅行がくまれていた。その矢先、音信の途絶えていたベラ・アーウィンから六月十六日にバンクーバーに着くという手紙が突如舞いこむ。急遽、調査旅行の予定を延ばし、二人は五年ぶりの再会を歓び、ニューヨークで何度となくデートをくり返し、調査旅行を終えてからも、その年の末まで、幾度か出会いをくり返すのだが、その結末は傷ましいものに終る。

〈可哀そうな、いとしい友よ。疲労と悲しみに打ちのめされつつ、帰宅した所です。貴女は、自分の気持ちを十分に分かってもらえないまま、この私を後にして、アメリカを去ろうとしている——その貴女を思うと胸が痛みます。〉

朝河貫一、五十一歳のおそい青春はこうして幕を閉じることになる。それからさらに五年の歳月をかけて、『入来文書』は完成し、イエール大学およびオックスフォード大学から出版された。その欧米における反響の一端は、一九三〇年五月、朝河のマルク・ブロックあての礼状に示されている。

〈わが親愛なるブロック君
……何よりもまず、『入来文書』をあなたがお読み下さったことに対して心から感謝いたします。ご多忙中にもかかわらず、このたいそう退屈な本を読み通してくださり、あなたの主宰する『年報』にみずから紹介を書いてくださることに対しお礼の言葉もございません。今までに出た本書の紹介のうち、オットー・ヒンツェの『ヒストリッシェ・ツァイトシュリフト』〔歴史学雑誌〕の紹介と、アバンドゥによる『リヴィスト・ディ・ストリア・デル・ディリッテ・イタリアーノ』〔イタリア法制史評論〕の紹介とが、他のどの紹介よりもより細心のものといえます。貴下ご自身による本書の紹介を『年報』誌上で一日も早く拝読できますことを楽しみにしております。〉

マルク・ブロックは朝河より十三歳も年少ながら、ストラスブール大学で中世史を講ずるかたわら、僚友ルシアン・フェーブルとともに『経済社会史年報』をその前年に創刊し、その新鮮で鋭角の編集方針のゆえに、『年報(レ・ザナール)』の名はやがてブロックを中心とした歴史学派の代名詞となっていったほどで、『年報』に朝河の『入来文書』が紹介されたことは、ヨーロッパの中世史学界で、その名が認知されたことを意味したといってよいだろう。

しかし、逆にヨーロッパの中世史研究の側からみれば、たとえば浮世絵によってしか知られていなかった極東の島国に、西欧に固有に発展した歴史モデルと思われていた封建制が存在していたということの驚き、しかもその歴史的事実がまるで精密な顕微鏡にでも映しだされたように、厳密かつ精緻な手法で示されたことの衝撃に驚かされたといったところではなかったろうか。中世史研究にエポックメーキングをよぶ労作として、『入来文書』はヨーロッパの歴史学界に受け入れられたといってよい。

『入来文書』についで、朝河の「初期荘園と初期マナー」、「中世日本の寺院領」などという英文の論文に魅せられたブロックは、『年報』のための東アジア関係の編集委員役を朝河に依頼してきた。長い研鑽がこのような形で報われたことを喜びつつも、朝河は、自分はあくまでも制度史的研究者でしかなく、経済史的側面とりわけ近代経済史をカヴァできる知識を持ちあわせていないこと、イエールにおける講義と論文執筆の義務を履行することのため、折角の提案に十分こたえられないが、限られた専門分野での協力は惜しまないだろうと、ストイックなまでに慎ましい返事をおくっている。

「満州事変」の始まり

明けて一九三一年、「満州事変」が始まり、ついで事変は上海にまで拡大していく。「私は世界で起こる大きな出来事に夢中になるという根深い感情の習慣を持っています」とは、朝河の最晩年の告白だが、わけてもはるか遠くなった故国にまつわる「大きな出来事」に対して、この「感情の習慣」から自由であることは、朝河には不可能であった。

かつて第一次大戦下、日本軍が青島に出兵し、中国に対して二十一カ条要求をつきつけたとき、朝河は大隈首相にくり返し直言の手紙で、その非を説いた。時代は変って、いまの日本の政局担当者に親しく書を呈すべき知己はいない。さしあたって思い浮ぶ枢機の人といえば、明治の元勲大久保利通の長男で、日本イエール大学会の会長、侯爵大久保利武以外になく、どうかご令弟牧野伸顕子爵にも意のあるところを伝えてほしいと、長文の手紙を書いている。

例によって、「上海事変」に対するアメリカジャーナリズムの論調や大学教授たちの反応、そして広く世論の動向を、朝河はさまざまな角度から伝えている。自らを定点観測者とみなし、アメリカ世論を故国に正確に伝えることを、故国に対する報恩行為として考えていた趣きがある。

「満州事変」については、勃発したあと、犬養首相が「満州併合」の意志なきことを内外に声明し、UP通信はこれを伝えたけれども、『ニューヨーク・タイムス』など大新聞はそれを記事にしなかったので、アメリカの日本に対する猜疑は解けていない。

〈全体ニ日本の説明は始終、機を失し、遅く候のみならず、何時も不完全、何時も拙劣たるは遺憾に候。〉

と朝河の目には映る。とくに、事件が上海に飛火した段階で、外務省が米国に行なった回答は「浅劣のアイロニーを弄ぶ」もので、これを外交上の「巧慧」と思っているとしたら、「驚嘆の外はない」と朝河は見ている。なぜなら、アメリカのジャーナリズムには上海で起ったことは、こう伝えられているからである。

〈日本海軍が突然理由なく攻撃せしこと、幾千の市民を殺戮せしこと、居留地にも日本人が侵入せしこと、在留日本人が飛行機の与へたる無残の殺害を喝采歓呼したること、上海の居

留外人が例外なく悉く皆日本の暴挙、残虐に憤概せることを申候。〉

その結果、たとえばハーヴァード大学の国際法の学者たちは連名で抗議声明を出し、プリンストン大学の神学部の教授らは、ただちに日本と断交するよう大統領に提言したりすることになっていると伝え、上海の混乱にむけて国際警察的出動をせざるをえなかったという日本外務省の説明は、アメリカの世論からは嘲笑の的にされ、今回の声明は国際法の教科書にまでも引用され、長く日本の面目を傷つけることになるだろうと自分は恐れていると述べたあと、こう記す。

〈さて、重用の点ハ此弁解ニ対する反感ニあらず、反感の根理ニあり候。そは日本を離れたる地より見候はば観易き所ニ候。〉

むろん朝河は日本の新聞数種をも講読していた。そしてそのギャップについてこういう。

〈私ハ数ヶ月来日本ニて雷同を見るのみニて、正直の論を試むる勇気ある人あるを聞かざるを憾み候。日本将来の為に、かかる強制的沈黙こそ最も危険なるべきを信じ候。〉

これから太平洋戦争の始まる一九四一年十二月まで、十年にわたって、朝河は歴史家としての故国への報恩の行為を放棄しようとはしなかった。

的確な予見

アメリカの大学の新学期は九月からだ。一九三六（昭和十一）年九月、新たな教員リストが発表されてみると、朝河の身分は、準教授（アソシエート・プロフェッサー）から教授にではなく、研究員（リサーチ・アソシエート）に変更されていた。これは明らかな「棚上げ」人事にちがいなく、彼はエンジェル総長に異議申立ての長い手紙を書いている。イエール大学の講師から助教授までの道は短く順調だった。だが助教授に任命されて以来二十七年、朝河のポストは忘れられたように放置されてきた。その間朝河は世界に知られる研究業績をあげ、講義も一日たりともゆるがせにすることのない努力を傾けてきたことを、総長に率直に披瀝（ひれき）した。祖国日本の学界で、朝河は日米に橋を架ける人間と目されている。今回の棚上げ人事が日本に伝えられれば、ある種の人びとはそれを「無法」と受けとるにちがいなく、日米の架橋たる役割にも障害となるだろうことに留意してほしいと、朝河はエンジェル総長に説いている。

　朝河の長い助教授生活には、無形の人種差別がその背後にあったにちがいない。わけても年々露わになる日本の大陸侵出に対するアメリカ国内の反日感情が、イエールというような開かれた学問の場にあっても、大きな翳（かげ）を投げていたと想像される。エンジェル総長に宛てて、朝河は自らの立場を彼なりに披瀝したのが、この手紙だった。それは、翌一九三七年、エンジェル総長の退任とともに置土産のような効果をあげ、朝河の教授就任が実現した。すでに彼は六十三歳、あまりに遅い昇進というべきだったが、この年、祖国日本は、盧溝橋で本格的な大陸侵略の火蓋をきっていたときだった。

　友人中桐確太郎に宛てて、日ましにつのるアメリカの反日感情を、こう伝えている。

〈是は支那の宣伝ニよるにあらず。第一に他国に侵入したることが日本の説明を難（かた）からしめ、第二には、上海以西、殊に南京ニての日本軍卒の暴殺、掠奪、強姦の行為が世情を確定したる為ニ候。此事実ハ日本には報道少かるべく候へども、当方ニては新聞通信のみならず、引続きて米国官憲の政府への報告あり、支那に在る日本の将校も外人に対しては之を認識したることが度々報知され候間、日本以外には普(あまね)く知られ居候。〉

報道の自由の保たれている国と厳しい報道管制下にある日本との情報ギャップにふれつつ、「支那人に与えたる印象ハ長く日本の事業の妨(さまたげ)となるべく候」「内外共に日本ハ紀元以来始めて自分を危難に導くに至りたるものと考へ候」という認識を示している。

ナチスドイツの動向とヒトラーの運命に対する朝河の見方も、おどろくべき明晰さと正確さをそなえていた。ヨーロッパで第一次大戦の勃発した一カ月後の一九三九年十月八日付村田勤宛ての手紙に、彼はこう書いている。

〈ヒトラーは今日の世界の不幸の直接、中心唯一の源であり、その来るべき彼の悲劇は自ら招ぐ(ママ)所であるに相違ありません。しかし、宜しくないことかも知れませんが、私ハ個人としての彼に対しては、数年来深い同情を感じて居る者です。彼の一生は殆どclassic型と申すべき悲劇で、生れてから一歩一歩最後の悲齣(ひしやく)に向かって進み、今や此大段落に入る点に到達しました。〉

ヒトラーの『我が闘争(マイン・カンプ)』の分析とヨーロッパ戦線の展開を重ねながら、朝河はヒトラーの行動の規範をつぎのようにさし示す。

〈私が彼の為に希ふ所は、忽然高踏勇退を敢行するにあらずば、今のうちに西方戦線の前面

に立って花々しく討死せんことであります。果して然らば、彼は殆ど注文通りの独逸ヒーローとなるでありませう。〉

しかし、ヒトラーの演説から類推するかぎり、この二つの途のいずれをも選ぶ余裕を、ヒトラーは持ちあわせていないと見たうえで、ヨーロッパ諸国はしばらくナチの狂暴な兵力に悩まされるであろうけれども、究極の勝利がもたらされるにちがいなく、ヒトラーの行く末は、〈自暴自棄の終幕を演じて自国を破滅し他民（族）を殺す罪人として、遂には恥辱窮（きわま）りなき屈服となり、自殺でも試み得るのみではありますまいか。〉

と、六年先に起るべき事態を、朝河は大胆かつ的確に予見している。しかも、日本政府がこともあろうに日独伊三国同盟を締結するのは、朝河の予見から一年もたってからのことだった。ヨーロッパ戦線の展開と連動する形で、太平洋をはさんで日米のあいだに暗雲が広がってきていた。

くだかれた最後の希（のぞ）み

一九四一年十一月、ワシントンで野村、栗栖（くるす）両大使とハル国務長官との日米交渉が大詰めを迎えていたころ、朝河は二つの行動に最後の希みをかけた。

その一つは、三十六年前ポーツマスの日露交渉の場を想い起こしながら、その折知遇を得た金子堅太郎に宛てて手紙を書き、日米開戦をくいとめるため元老としての最後の影響力を行使するべく期待した。その書簡のなかには、つぎのような一節があった。

〈近年日本は敵に対する武士道と他人を理会（ママ）する能力と、自分を他国（支那、南洋（アジア）等）の位地（ママ）に置きて考ふる能力とを併せて失へるに似候（にそうろう）。〉

これは、太平洋をへだてて言論の自由の国アメリカにいてこそ、初めて終始保持することのできる視覚でもあった。元老金子堅太郎を通じて日本支配層のなかの和平派に期待した最後の処方箋はといえば、

「まず第一に人事の更迭、第二に百八十度の方向転換、第三に軍部を政治から切り離すための法律の改革、そして中国からの思い切った撤退」などで、もしこれができるとすれば、「勅令」によるしかなく、「勅令さえ出せれば、あとはいかなる国よりも事はやさしく運ぶ国」だと、朝河は見ている。けれども、もはやおそすぎる。日本の政治担当者たちは自作の網にがんじがらめにしばられ、もうなにも考えられなくなっている現実を朝河は知っている。しかも十月十五日をもってアメリカ航路の日本船が事実上ストップしたことを考えれば、この手紙が金子堅太郎の手許に着いたかどうかも疑わしい。

そこで彼は、もう一つの行動に最後の希望を託す。金子堅太郎に手紙を書いた三日後の十一月十九日、ハーバード大学フォッグ美術館東洋部長のラングドン・ウォーナーに宛ててしたためた返事の中で、朝河はこう書いている。

〈ローズヴェルトが天皇に直接連絡をとるという君の提案はすばらしいと思います。これは思いもよらぬ希望を与えてくれます。それは世界の元首のなかでも、彼だけができることで

す。一八五二年にフィルモア大統領が、彼の「偉大なる親友」への手紙をペリー提督に届けさせたことを思い出しています。……しかし事は適切に運ばれなくてはなりません。そうでなければ、むしろ全然なにもしないほうがよいくらいです。〉

として、ルーズヴェルトの快活・奔放はよいけれども、アバウトなやり方ではことを仕損じるだろうと釘をさし、「天皇は制定された機関または合法的当事者の補弼(ほひつ)がなければ、政治的行為を創始できない」ことを念頭に入れた上で、注意事項を列挙したあとに、こうつけ加えている。「私はあつかましくもローズヴェルトに考慮してもらうよう、親書の草案を送ることとさえいたしましょう」

最後の政治的投企ともいうべきこの謀議の相手ラングドン・ウォーナーは、若き日に来日して岡倉天心について日本美術を学んだ知日家で、その著『推古朝の日本彫刻』に、朝河は長文の序を寄せた間柄だ。しかも、ウォーナー夫人ロレーヌはルーズヴェルトの又従妹という願ってもない縁に結ばれていた。事は迅速を求められている。

ボストンのウォーナーから速達の返書がとどいた十一月二十三日には、大統領親書のための草案を朝河はタイプし終っていた。「成功の見込みは百万に一つと思うが、奇跡の起ることを祈ります。もし、私のワシントン行きが、ものごとを台なしにするのでなく、何かに役立つのであれば、喜んで行きます」としたあと、つぎのような方法まで指示することを忘れなかった。

〈まず第一にメッセージを電報で送り、同時に新聞に発表することです。これはメッセージの中でそう断った上で行なってもよいでしょう。新聞に発表することは重要です。すなわち、日本の新聞に転載を余儀なくさせることであり、それによって国民を鼓舞し、軍部をたじろがせる雰囲気をつくることです。同時にとられるべき第二の手段は、相応の訓令と権限を与えられた特使を、たとえばクリッパー機で送ることです。これに当る男（または女——たとえばエリノア！）の人選には深慮が必要です。〉

ここに指名された女性エリノアとは、いうまでもなくウォーナー夫人の又従兄、ルーズヴェルトの夫人エレノアであることはいうまでもない。謀りごとは時間との競走だ。朝河の手になる親書草稿を受けとったラングドン・ウォーナーがワシントンに飛んだ十一月二十七日には、歴史が明らかにしたところによれば、すでに帝国海軍連合艦隊は霧につつまれたエトロフ島単冠湾（ヒトカップ）をあとにして、東経百七十度の辺りを日付変更線を目ざしてゆっくりと東進していたからだった。

ルーズヴェルトはワシントンを空（あ）けており、ハルは公務多忙で会えず、ウォーナーは国務省の極東部の副部長バランタインに会ったあと陸軍省に廻り、さらに上院外交委員トーマス議員などに働きかけて親書運動にまきこんだ。その報告に接した朝河はウォーナーに感謝のことばを送った。

〈親愛なる友よ、あなたの奮闘的努力には感謝のしようもありません……この共同作業から実際に価値ある何かが生れてくれればと祈るのみです。提案された形で成功しようがしまいが、あなたのおかげでその考えの種子はしかるべきところにまかれたのです。あなたの言う通り、われわれ粗野な田舎者には、高貴な権力者たちがどう反応するかは分かりません。しかし、彼らにもさらにその上の万能者の計画が何であるかは分からないのです。まかれた種子は、われわれには想像もつかない植物に充育（じゅういく）するかも知れません。〉

数日間の紆余曲折ののち、でき上がった大統領親書には朝河の思いの何分の一ももりこまれず、日本軍の仏印進駐非難を主眼とする最後通告的な文面に翻案されたものになっていた。

たしかに米大統領親書は十二月六日午後（日本時間七日午前）に打電され、東京の電報局は正午にそれを受信したが、駐日大使グルーに配送されたのは、その日の午後十時をすぎ、グルーが外相東郷茂徳に拝謁を申し入れたのは、翌八日午前零時三十分であった。宮内大臣、内大臣と回って、東郷が首相東条英機の勧めで中に入ったのが、八日午前二時四十分、退出したのが同三時十五分だった。その間、東京時間八日午前二時三十分、南雲中将の指揮する機動部隊からオアフ島に向けて第一攻撃隊が発進している。拝謁の労をとった東条首相が東郷外相に洩らしたことばが残っている。「遅く電報がついてよかった。一、二日早くついていたら、またひと騒ぎあったかもしれない」

折角の大統領親書も、首相東条英機にその程度のつぶやきしか与えないものだったことが示されている。

五十八年前の十二月八日の朝のことを、わたしはかなり鮮明に記憶している。国民学校四年生のわたしは、霜柱の立つ校庭で校長の訓示をききながら、足許から這い上がってくる冷気に全身が震えるような悪寒をおぼえた。アメリカ時間十二月七日、日曜日の朝、冬枯れのイエールで朝河貫一がパールハーバーの第一報をどのように聞いたのかはわからないが、それから二カ月後、ウォーナーに宛てた手紙に彼はこう書きだしている。

〈あなたの二通の手紙ありがとう。今や、われわれが共謀しようとした平和的外科手術のかわりに、死と災いが毒を一掃しようとしています。またもや、「事を計るは人、事をなすは天」です。〉

このあと、国務長官ハルの「冷淡と独善」について、きびしい批判をのべ、ルーズヴェルトの出した天皇宛て親書を「ダイナマイトの樽」と痛論し、「検屍の意味」で親書の修正草案を同封したその手紙を、こうしめくくっている。

〈われわれは当面の目的には失敗しましたが、価値のないことをやったわけではありません。あなたも同意見であり、またあなたの提案とあなたの尽力への私の永遠の感謝を汲み取ってくださることを心から望んでいます。〉

パールハーバー急襲の翌十二月八日、イエール大学総長C・シーモアは朝河の身分と一切の自由の保証される手続をとったことを、朝河に知らせた。

異能の画家・異形の生涯　藤田嗣治

藤田嗣治

封印された戦争画

人の名はその棺を覆ってはじめて定まるといわれるが、藤田嗣治は逝ってすでに三十年になるというのに、その画家の名はいまも毀誉褒貶のなかでゆれているといえぬだろうか。

わたしが藤田嗣治の名をはじめて知ったのは、戦時中「大東亜戦争美術展覧会」を特集した一冊のグラフ雑誌のなかでだった。

そこには日本画壇の錚々たる人びとの名が、きら星のようにならんでいた。

中村研一「コタバル」、藤田嗣治「二月十一日」（ブキテマ高地）「シンガポール最後の日」、向井潤吉「四月九日の記録」（バターン半島総攻撃）、小磯良平「カリジャティ会見図」、猪熊弦一郎「硝煙の道」（コレヒドール）、伊原宇三郎「マンダレー入城とビルマ人の協力」、宮本三郎「山下、パーシバル両司令官会見図」「香港ニコルソン附近の激戦」、鶴田吾郎「神兵パレンバンに降下す」、寺内万治郎「マニラを望む」、田村孝之介「ビルマ蘭貢爆撃」、清水登之「ミリ油田地帯確保部隊の活躍」、川端竜子「荊棘に挑む」、吉岡堅二「カリジャティ西方の爆撃」、山口蓬春「香港島最後の総攻撃図」、福田豊四郎「英領ボルネオを衝く」などなどだった。

敵将パーシバルを前にして、山下将軍が卓をたたいて降伏を迫る宮本三郎「両司令官会見図」などは、当時の軍国少年の心を最も強くつき動かしたものだったが、この「大東亜戦争美術展覧会」をリードする中心的役割を果している画家が、藤田嗣治であることは、少年の日にもその筆勢からわかるような気がした。

じじつ、ノモンハン事変や十二月八日の真珠湾攻撃やアッツ島の玉砕を描いた藤田嗣治の作品は、当時の新聞や雑誌の口絵で何度となく目にしたから、なにも知らない少年の目には、つねに激戦の最前線に立って絵筆を動かす従軍画家の代表として、藤田嗣治の名は脳裡にきざまれた。そして、藤田はアッツ島玉砕のあとも、「ソロモン海戦に於ける敵の末路」、「ニューギニア戦線安田分隊の死闘」、「神兵救出に到る」、「血戦ガダルカナル」、「ブキテマの夜戦」、「大柿部隊の奮戦」などの力作をつぎつぎに発表し、敗戦直前には「サイパン島同胞臣節を完うす」と題して、南溟の孤島における軍民玉砕の凄惨な殺戮の現状を克明にキャンバスに描きのこしている。

それからいくばくもなく、昭和二十（一九四五）年八月十五日がやってきて、画家たちは一斉に戦争画の筆を断っただけではない。日中戦争から太平洋戦争にかけて何百点、何千点と描かれたはずの戦争画は人びとの前から姿を消しさる。そして、戦後五十余年をへた現在もなお、「大東亜戦争美術展」にならんだ大作のほとんどは、国立近代美術館の収蔵庫の奥深くしまわれたまま、人びとの目にふれる機会は失われてしまっているのである。

のちにわたしは、近代美術史に多少の関心をいだくなかで、藤田嗣治の画業にも目を向けてみたが、若き日の藤田がパリでモジリアニやスーチンやピカソやマチスらと親しく交わって、パリ画壇の寵児だった時代があったと知っても、乳白色の滑らかな絵肌に繊細な線描で描かれた裸婦や静物や自画像と、アッツ島玉砕やサイパンの地獄図とをどう結びつけてよいのか、とまどうばかりだった。

かつてピカソは故国スペインを去ってパリに行った。ピカソの描いたゲルニカは永いことその故国から拒絶されつづけていたが、いまゲルニカはマドリッドに帰っている。藤田嗣治は昭和二十四（一九四九）年ふたたび故国をあとにして永遠に帰らなかったが、藤田の遺した戦争画はいまも暗い倉庫のなかにしまわれていることをどう考えたらよいのか。異形の生涯を追ってみるほかはない。

異能の出自

その年譜には、「明治十九（一八八六）年東京牛込に生まれる。当時陸軍一等軍医正（台湾、朝鮮の衛生行政に尽くし、大正六年に陸軍軍医総監）の父嗣章、母政の次男で、二人の姉と兄がいた」とある。「母の政は旧幕臣小栗信の二女、江戸末期まで房州長尾藩本多家の家老職をしていた家柄の出で、祖母は南画の青木南湖、同南溟の一族で、この輝かしい家系から藤田のいとこに演劇の小山内薫や、画家岡田三郎助の夫人八千代が出た」というのは、見すごせない事実だ。藤田の血脈のなかに江戸南画の伝統が流れていたというのは、とりわけ興味深いことといわなければならないだろう。

四歳のとき、母が死んだ。父は職掌柄、地方転勤が多く、末子の嗣治は〝姉さん子〟として育ち、十二歳のとき長姉喜久の嫁ぎ先の芦原家に引きとられることとなり、熊本師範付属小から東京高師付属小に転じ、ついで同付属中学へも芦原家から通った。経済的には何不自由なく、姉夫婦からも慈しまれて育ったが、父の東京転勤でようやく家族はひとつになったものの、父と子のあいだの意思は疎通を欠いた。父は嗣治を軍人にしたいと考えていた。すでに画家たらんとしていた嗣治は、

〈とうとう決心して、内緒で一本父宛ての長文の手紙を書いた。画家になりたい、好きなことをさしてくれろ、必ず成功してみせる等と書いて、その日の午後近処の郵便箱に投函した。その夜、手紙が消印を付けて家に戻って来て、父の手に渡った。……叱られる事を覚悟していた。然し、何処までも自分の主張は守って通してやろうと力んでいた。父は二言も無く一封の金を渡してくれた。宜し、お前の希望通りにしろ、と言ったきりで、室へ下ってよし、と言った〉

封筒のなかに大金五十円があって、翌朝神田へ走ってあこがれの油彩の道具一式を手に入れたことを、藤田は後年随筆集『地を泳ぐ』のなかで回想している。美校入学が日露戦争のさなか明治三十八年春のこととすれば、藤田をとりまく環境は、他の誰よりもめぐまれていたといってよいだろう。

同期の桜に岡本一平、池部鈞、近藤浩一路といった俊秀がひしめくなか、嗣治は奇行とダンディズムで頭角を現わしはしたものの、画才で注目されるようなことはなかった。

〈今日の言葉をかりて云えば、ブルジョアの次男坊。そんなに強い意思のある男でもなければ、目から鼻に抜けるような賢さも見えていなかった。ただ、呑気な遊び好きな、決して憎

めない男〉（昭4・11『アトリエ』）
というのが、池部鈞のうけた印象であり、
〈多少冒険的な場合も、勝目の方を多く見て平気で進んで行く、ちょうど学習院の山岳部員みたいなところがある〉（昭4・12同）
というのが、岡本一平の嗣治観というところであった。黒田清輝を頂点とする美校のアカデミズムに嗣治の資質はなじむことができなかったのかもしれない。その卒業制作は、黒田教授に悪い作例の一つとしてとりあげられ、三十人中十六番で嗣治は、明治四十三年に美校を卒えている。大逆事件の衝撃で、人びとは明治の暗い終末を予感した年だ。それから三年、嗣治は文展に三回落選している。そのままいけば、嗣治の才能は花開くどころか、立ち枯れていったかもしれない。
父の上司にあたる森鷗外が外遊を勧めたことも効を奏して、「三十までは、面倒をみてやろう」という父嗣章の支援の言質のもと、新婚早々の妻登美子を置いたまま、大正二（一九一二）年六月、日本郵船三島丸で、藤田はパリに向けて祖国を脱出することになる。
〈このすばらしい墨色の日本にも、もうおれの用はなくなる。パリには、もっと明るい乾いた色があるだろう。印象派や、フォーヴの画面が持つ輝きよりもっとそれ以上に強烈で陽気な、色彩の世界が――〉
この日のため、嗣治は中学時代から暁星の夜学に通って、フランス語だけはこつこつと学んできたのだった。

藤田伝説の彼方に

藤田の回想には架空の武勇伝が充ちみちている。パリについたその夜、カルチエ・ラタンの大きなキャフェで美しい女が付け文をしてきたとか、翌日ピカソのアトリエに行ってアンリ・ルソーの絵を見せられて、行くべき方向をつかんだとか……。それらはほとんど自作自演の下手な広告文とうけとった方がいい。むしろ、藤田よりひと足早くアメリカを経由してパリにきていた川島理一郎の残した絵日記の方がはるかに信をおくに値する資料だ。この資料を手がかりに、伝記作者の田中穣が晩年の川島に会ってひきだした証言には、いささか信じるに値するリアリティがある。

藤田がパリに入った一九一三年九月、

〈秋にはなっていたのだろうが、まだ暑さが残っていたような記憶がありますね。第一次大戦がはじまる一年まえの年で、これははっきりと覚えている〉

〈フジタさんが、突然、わたしをたずねてきた。ベルサン・ジェトリックスの、パリにはざらなアパート式の貸アトリエで、そこに住んでいたのは欧米各国から来ていた絵かきの卵ばかりだった。コンクリートの土間に、ベッドといっても、私が使っていたのは、わらを敷いた大きな箱でね。飲み水も中庭の共同の水道から汲みあげてくる、たいへん粗末なアトリエ・アパートだった。お互いに面識はなし、別にわたし宛の紹介状をフジタさんが持ってき

たのでもない。ただ、わたしのことを人づてに聞いてきたと、フジタさんは、いってましたな〉

当時川島は、レイモンド・ダンカンというギリシャ原理主義者とでもいうべき辻説法家のアメリカ人に共鳴し、弟子入りしており、

〈わたしは、ひどい変わり者で通っていた。着ている物からして、絵かきの卵たちをふくめた世間から、ひどくかけ離れていた。ギリシャの服装で、チュニック（寛衣）というのがありますでしょ。腰ひもで結んだあれを着まして、胸には石のネックレスを垂らし、頭には豹皮の縁なし帽をかぶる――といったような恰好で、表通りも堂々と歩いていたのですからな〉

藤田が川島の吹くギリシャ原理主義にどう共鳴したのかはわからないが、それから三年近く、川島・藤田の共同生活ははじまる。そして第一次大戦の戦火のなか、大使館の命令いっか日本人がパリを退去し、日本からの送金がばったりと断たれてしまったあとも、二人の共同生活は、川島がふたたびアメリカに去る日まで、断続的につづけられていった。

〈一九一四年・パリ・二一　Sept。　秋の夜の冷気あはれ、藤田と淋しいねと語る〉

〈一九一五年・マルザック城・六月二十一日（月）今日から絵日記を書く事に藤田と決める〉

〈六月二十六日（土）晴……今夜頭ノ大革命起ル　藤田ガランプノ明リデオシ気モナク長イ毛ヲゾキ〳〵切落ス　之レデ漸ク昔ノギリシャ古代ノ気持ガ出ル　二人シテ手ヲ握ッテ之レヲ祝フ〉

藤田嗣治の専売ともいうべきオカッパ頭誕生の瞬間が、共同の絵日記に残されることになったのだが、「後年のフジタがしゃべったり、書いたりしているどんな記録にも、〝川島理一郎〟は登場していない」と伝記作者の田中穣は記したあと、言うに言えない事件で二人の友情が挫折したのか、あくまでも独立独歩で国際画壇に乗りだしたとしなければ、プライドが許さなかったのか、それとも利用するときだけ利用し、最初の妻同様、「フジタは若い友情を結んだ同胞からも逃げの手を決めこんでいたのか」と疑問符で結んでいる。

第一次大戦——雌伏の季節

ボスニアの首府サラエボで、オーストリア皇太子の胸に向けられた拳銃の一発は、またたくまにヨーロッパ全域を戦火にまきこんでいった。パリの水になじむまもなく、画学生藤田嗣治もいや応なしに、その渦のなかにまきこまれていく。第一次大戦下の四年間、この画学生の青春は、伝説の彼方にかすんでいる。

レジェやブラックが戦線に向かい、ポーランド生まれのキスリングが外人部隊に応募していくといったなかで、藤田はイタリア人のザッキンなどとともにパリ赤十字救護団に登録され、救急訓練にかりだされた。祖国からの送金を断たれてみれば、皿洗いや男性ヌードのモデルまでもしなければならなかったが、ルーブルをはじめとしてパリにある美術館という美術館に通って、古今の絵をその細部にいたるまで脳裡にたたきこむような努力を忘れなかった。とりわけギメの浮世絵が稲妻のようなひらめきを、彼の脳裡にきざんだ。

ドイツ軍がパリ近郊四十キロに迫ったとき、やむなくロンドンに難をさけた藤田は、ドサ回りの日本舞踊の一座に加わったりもしたが、ロンドンの日本人骨董店に住みこんで修復手伝いをしたり、一流の洋服屋ゴードン・セルフリッジで裁断師見習いもした。洋服屋の倉庫には、パリジェンヌが涎を流すような服地がうず高く積まれてもいたが、カンバスに張るにふさわしいさまざまな裏地も置かれている。未来の大画家のカンバスの秘密はゴードン・セルフリッジの倉庫のなかにあったのかもしれないが、彼は生涯、その素材をなにびとにも洩らすことはなかった。

戦火がパリから遠のくとみるや、いち早くパリにとって返した藤田はカフェ・ロトンドで見そめた女流画家の卵フェルナンド・バレに、ゴードン・セルフリッジの倉庫から持ち帰ってきた布地をつかって、自らの手でつくったブラウスを贈り、たちまちその心を射とめ、彼女のアパルトマンにころがりこむことができた。

魔術師のような早さで、つぎつぎに描きあげる藤田の絵を、フェルナンド・バレは小脇にかかえて、ラ・ボエシー街の画廊を売り歩く。サクセス・ストーリーには欠かせないシーンだが、シェロン画廊で初の個展を開き、やがてサロン・ドートンヌに藤田の作品がならぶ途を開いた最大の功労者が、パリにおける最初の妻フェルナンド・バレであったことは、まぎれもない事実であったろう。

「すばらしい深い白」の発見

平和の甦ったパリには、世界各地から絵筆に生涯を托(たく)そうとする若者たちがやってきた。ある時期、パリには十万人の画家がいた。ロシアからポーランドからスカンジナビアからアメリカから……。極東の島国からさえも三百人の画学生たちがひしめいていた。

故国からの送金を断たれたなかで、第一次大戦の苦境をきりぬけた藤田嗣治のなかには、なみなみならない自信がみなぎっていた。多くの画学生たちが遙々やってきたパリの街に呑みこまれていく姿を見ながら、藤田はパリの街を呑みこんでかかることを自らのスタンスとした。まだヨーロッパに硝煙がたちこめているころ、彼は「釈迦涅槃図(しゃかねはんず)」を描き、ついで「キリスト磔刑図(たっけいず)」を描いてみたが、戦火ですさみ、物質化した人びとの心をひきつけるだけの効果はなかった。

藤田嗣治が自らの体質にあわせてカンバスづくりから始め、絵の具や絵筆にまでもこだわりつづけて工夫をこらすところから出発したのは、パリを呑んでかかるという彼のスタンスと深くかかわってのことにちがいない。

木枠に張った麻にうすくニカワをぬって布目をつぶしていく。それは幕末、洋画が故国日本に入ってきたころ、高橋由一のような先輩たちが苦心惨憺した方法に似ていた。藤田は白い絵の具にテレピン油を加えて煮つめたのを、さらにカンバスに箆(へら)でぬりこめていく。乾ききらぬまに紙やすりでみがくと、そこに和紙にも似た柔らか味のあるみごとな白地が浮かんでくる。墨汁代りにテレピン油とペトロールをまぜてつくった粘着力のある墨絵の具を、細い面相筆(めんそうふで)にひたして線をひくと、日本画に似た繊細な線描が可能となった。

睡眠時間を四、五時間に削って、アトリエにこもる藤田がとりくんでいたのは、油彩の世界に日本画のメティエを流しこむことだったといってよいかもしれない。それが、パリを呑んでかかるという藤田のスタンスでもあった。

明日を生きぬくため、ロンドンの骨董屋で毎日手にとって手入れした象牙の肌色も、わけなく藤田のカンバスにはなじんで、美しい裸婦となって立ち現れた。「鳥獣戯画」を下敷きにすれば、ひろってきた捨て猫も画材となって裸婦の妖艶さをきわだたせたし、フェルナンド・バレの狭いアパルトマンの一郭にある棚の置物も、藤田のカンバスに移されると、パリのプチブルの眼には、はるか離れた東洋の静止した時間を感じさせるほどの効果をあげた。

一九一九年の秋、サロン・ドートンヌに出品された藤田の作品は、六点全部入選となって評判をよぶ。翌年には裸婦が Grand fondblanc(すばらしい深い白)の賞賛をよんで、藤田はサロン・ドートンヌの正式会員となり、一九二二年には審査員となり、気がついてみればパリ画壇の一郭に確たる地歩をきずいていたのだった。

緻密な計算と巧みな演技

当時パリには、イタリア生まれのモディリアニ、ブルガリア生まれのパスキン、ロシヤ生まれのシャガール、ポーランド生まれのキスリング、リトアニア生まれのスーティンといった一群の若い画家たちがいた。彼らはいずれも祖国を持たないユダヤ人で、第一次大戦の前後、パリの灯をもとめて集まってきた人びとだった。その鮮烈な画風に「エコール・ド・パリ」(パリ派)の名がつけられるようになったが、〈派〉とよばれるような統一性はなく、むしろその画風は多様だった。強いて共通項をもとめるならば、帰るべき場所を持たぬ祖国喪失者たちの、人間の存在への問いかけが画面ににじんでいたことでもあったろうか。

〝女と猫〟のフジタが、なぜ〈エコール・ド・パリ〉にくみこまれたのか。遠く離れた極東の島国の事情など細かいことのわからないパリの批評家の目には、〈すばらしい深い白〉が亡命者のタッチを連想させたとしても不思議ではない。だとすれば、藤田の巧みにめぐらした計算は、みごとな成功をおさめたといってよいだろう。象牙からうみだされた渋味のある裸の肌色、白描画にヒントをえた女の眉、南宋の画帳からぬけでてきたような猫、ときには背景の壁面にさりげなく浮世絵までも描かれている。全体に東洋的静謐(せいひつ)がただよう画面に、パリの批評家たちは絶句したまま、ヨーロッパ各地から流れてきた祖国喪失者たちの作品とはあまりにも遠いフジタの異質を、ただ多様さという一点で許容してしまった気配だ。

画面に塗りこめた緻密な計算と併行して、画家は実生活でもつぎつぎと演技をくりだしていかなければならない。

酒と麻薬と女におぼれ、貧窮のはて、モディリアニは結核に脳までおかされて、慈善病院で息をひきとる。パリ芸術家救済協会が主催するパーティの仮装舞踏会に、藤田は全身に入れ墨をいれた苦力の姿で登場する。背負われた鳥篭のなかに全裸の美女がいて、売値の札がぶらさがっている。鳥篭の中の美女が妻のフェルナンド・バレとわかって、やんやの喝采がわく。

海の彼方の故国でも、ちょっとした物議が起っていた。サロン・ドートンヌの審査員藤田の傑作「我が画室」が美校の恩師和田英作の奨めで東京に送られ、文展にとどいたのだが、入選経歴がないことから、平出品として審査にかけられることとなり、父嗣章が激怒したとかしなかったとか。藤田の耳にそれがとどいたときには、結局無審査で「我が画室」が飾られた文展はとうに終っていたけれども、故国のこの騒ぎを、彼は「夜郎国」のできごとでもあるかのように聞き流すほどの余裕ができていた。サロン・デ・チュイルリー会員としてローマ法王に会ったり、第三回の個展にわざわざ足を運んでくれたピカソと談笑したり、アンナ・ド・ノアイユ伯爵夫人の肖像製作にと、藤田は忙殺されてもいたからだ。

仮装舞踏会の鳥篭はまもなく現実のものとなり、藤田を男にした最初の妻フェルナンド・バレと別れた彼は、次なる妻リューシー・バドードをえらんで、「ユキ」という愛称を贈った。いつしか藤田のまわりには、名声をしたって日本から若い画家たちが集まってくるようになり、エコール・ド・フジタといった派閥ができるようになっていくころ、スキャンダルにも倦み疲れてきた藤田の絵には、どことなくマンネリズムの匂いがただよいはじめていた。

パリ脱出

危機は意外なところからやってくるものだ。レジオン・ドヌール五等勲章をさずかったはずの東洋の人気画家が、ドービルの賭場でバカラに負けて百万フランをすったのに平然としていたという赤新聞の記事が、パリ税務署の注目するところとなり、四年間にわたる税金の滞納額八十万フランがはじきだされた。藤田が急遽ユキことリューシー・バドードを伴ってマルセイユから十七年ぶりの日本を目ざして旅だったのは、一九二九年八月のこと。それから二カ月後の十月二十四日木曜日、ニューヨークのウォール街にまき起った大恐慌が、たちまちパリの画商たちを痛撃することまでも、藤田の計算のなかに入っていたのかどうか。

貧窮のはて慈善病院で息たえたモディリアニ、酒と女に溺れた渕から這い上ることのできないパスキン、故国リトアニアで消えてなくなってしまったスーチン、燃えるモスクワの空ばかり描いているシャガール。彼らの悲しみを嘲笑するかのように、藤田は十七年ぶりの祖国にむけての船旅をユキとともに楽しんでいた。

地中海からスエズ、インド洋からマラッカ海峡をこえ、伏見丸は船足を早めて門司に近づく。そこには東京の三越の使者が待機しており、すでにきまっていた朝日主催の帰朝記念展につづいて、より大規模なフジタ展開催の申し入れが待っていた。

神戸港に伏見丸が着岸したとき、桟橋には岡本一平、近藤浩一路といった美校の同級生たちの姿も記者たちのなかにまじっていた。

長い航路にくたびれ、待ちかねたように乗客たちは桟橋にあふれたというのに、藤田の姿は現れない。いったい藤田はどこに消えてしまったのか。出迎えの人びとが、さてはたぶらかされたかと不安をおぼえるころを見はからったかのように、タラップに藤田はユキの腕をとって現れる。専売特許ともなったオカッパ頭、縁の部厚いロイド眼鏡、チャップリンを思わせる口髭、派手なチェックの上着に乗馬ズボン。颯爽たる名優の登場ぶりというほかはない。

だが、ここではっきりとしたことは、モディリアニやパスキンやスーチンやシャガールとちがって、この国際画家には錦をかざる故国が厳然としてあったことだった。そしてそれがやがて大きな陥穽（かんせい）になるであろうことに、藤田はまだ気づいてはいない。

迷える旅人

十七年ぶりに帰国した藤田嗣治は、すでに四十三歳、同世代の梅原竜三郎や安井曽太郎がひと足早く帰国して、すでにこの国の洋画壇に確固たる画風を示していたのに比べると、サロンで奮闘を強いられてきた藤田のキャンバスには、異質な風が吹いていた。乾いた風は高い湿度になじまなかったといってよいのかもしれない。

それから十年、藤田の年譜のなかの落ち着きのなさに、そのとまどいが示されている。五カ月足らずの滞在のあと、アメリカを経由してパリにもどったかと思うと、不況で画の売れなくなったパリを見すてて、ニューヨーク、シカゴで個展を開くといった具合だ。いったんはパリにもどったものの、翌年ふたたび南米に旅だち、二年近い長旅の末、一九三三年十一月秩父丸が横浜に入港したとき、彼のかたわらにはリューシー・バドード（ユキ）とはちがうマドレーヌ・ルクーという新しい妻が立っていた。二年後、酒と麻薬も手伝って、マドレーヌが高田馬場のアトリエで急死したときには、その死因に疑惑がもたれたものの、半年後には、最後の妻となる堀内君代と藤田は結婚した。秋田市のパトロン平野政吉の邸で、大壁画「秋田年中行事大平山三吉神社祭礼ノ図」にとりくんで、旺盛な創作力を誇示しはしたものの、梅原や安井の画風の深化に比べると、藤田のキャンバスには安定は生まれてはいない。

帰朝以来、派手なパフォーマンスが重なったことも手伝って、画壇の風は藤田には冷たく、そのありあまる才能は異端でも見る視線で、じっと見つめられているように感ずることがある。ムラに久しぶりにもどってきた蕩児(とうじ)の姿にも似ている。そのわずらわしさと焦りとをふり払うかのように、藤田は若い竹谷富士雄の案内で一カ月の沖縄の旅に出るのだが、旅の疲れも癒(いえ)ない一九三八年十月、海軍省の嘱託として中国、漢口攻略戦に従軍することになる。石井柏亭、田辺至、中村研一といった画家たちもいっしょだったとはいえ、藤田の存在のみが目立った。時代の脚光を浴びつづけることは、エコール・ド・パリ以来、画家の性(さが)となっていたといってよい。

〈頭上を流弾はピューピュー音立て越して行く。近い弾はプスと言って勢いよく通る。見ても眼に留まらぬものと知っても音の方を眺めて見る。右舷左舷の水中に二百発余りも水煙を

立てて見事に落ちる。〉

将官待遇の略装に身をかためた画家の目に弾の飛び交う戦闘場面は焼きつくが、敵の姿は見えない。戦争の全体像も、その行く末も見えていない。ホテルに帰って画家は取材ノートに書きしるす。

〈戦争画についての自信だけは今日充分身についてきた様だ。戦線に居る兵隊さん諸君の顔の色も分かった。真剣な表情ものみ込めた。私の脳裡にこの短い期間に写しとってしまった。〉

戦争の全体に目をこらすことのない画家は、持てる技能のみに頼るほかない職人（アルチザン）の道をえらびとっていく。戦線から帰った藤田は、「漢口突入の図」「南昌空軍基地爆撃の図」を描いたが、それは「義務づけられた戦争画」でしかなく、批評家の目には、「どうも気分が乗って制作したようには見えない」作品だった。漢口攻略に先だつこと一年前、南京でくり広げられた凄惨な殺戮の光景など、画家の視野に入ってくる気配もなかった。ちょうど同じころ、ナチスドイツの無差別爆撃で破壊されたゲルニカ村にパブロ・ピカソが向けていた眼差しと、藤田のそれは遠くへだたっていたと見ずにはいられない。

戦争画へのひと筋の道

戦争画に筆を染めた藤田が突然パリ行きを思いたった動機を、伝記作者は「もう一度〝国際画家フジタ〟のメッキをつけなおしてくる必要」に迫られた「一世一代の大博打」だったとしている。ヨーロッパに硝煙がふたたびたちこめようとしている一九三九年春のことだ。マジノ線を突破してナチス軍がパリに猛進撃を開始するまでの一年間、パリにあった藤田の内部でどんな変化があったのか。

かつて二十代の終り、第一次大戦下のパリで藤田は飢餓と同居しながら、キャンバスに「すばらしい深い白」を創りだすことに自らを賭けた。そしていま、五十の半ばにさしかかった藤田には、身をパリの巷に沈める錘(おもり)の一つとてないことを、自覚するほかはない。

かつて藤田は裸婦のかたわらに寝そべる猫を描いた。自画像にも甘える猫をあしらった。いま、黒い窓の外から、眼をらんらんと輝かし、小鳥を狙っている一匹の猫の図をパリみやげとして、一九四〇年五月、最後の日本船伏見丸に乗って、マルセーユを去らなければならない。パリ市内の美術館で、藤田があらためて眼におさめておかねばならぬものがあったとすれば、ドラクロアやベラスケスらの遺した戦争画の名作といわれる作品群だったのかもしれない。

こう考えれば、第二次大戦の前夜、きびしい為替管理のあみをかいくぐって渡欧することのできた背景が、浮かんでくるといえぬだろうか。

伝記作者によれば、伏見丸から神戸埠頭に降り立ったとき、トレードマークのオカッパ髪、ひときわ太くなったべっ甲縁の眼鏡、チャップリン髭の藤田に向かって、事情を知らぬ地元記者の、「スパイ、なにしに帰った!」という罵声がとんだ。これにたじろいだ藤田は、トレードマークのオカッパをばっさりと切ることにしたと伝えている。

帰国後一カ月にもならない八月の半ば、フジタは特別親しくした毎日新聞東京本社の記者に電話をした。チャップリン髭は残しながら、ロイド眼鏡のふちを半分も細くし、むきだしにした広い額がみるからに精悍さを感じさせる角刈りのフジタが出現した、という情報だった。その写真を、君の社だけにスクープさせる、という売りこみだった。翌日それは、フジタの狙いどおりにスクープされ、オカッパから角刈りに生まれ変ったフジタを広く世間に印象づけた。

ノモンハンの敗将荻洲立平（中将）の依嘱によって、藤田が「ノモンハン・ハルハ河畔の戦闘」にとりくむことになるのは、オカッパからざんぎり頭の角刈りになって一カ月後のこと。タテ四・五メートル、ヨコ十三・五メートルの大キャンバスには、ソ連戦車にかけ上った三人の日本兵が、ソ連兵の体に銃剣を突きさしている状景が描かれた。

かつて藤田は、明治初年の洋画家たちが苦心のすえ創りだしたキャンバスの手法と、日本画の先達の積み重ねてきた技法をひっさげて、サロンに颯爽と登場したのだったが、こんどは逆に、西欧絵画の歴史のなかで磨かれてきた戦争画の技法を借りだしてきて、時局に乗ろうとしたのではなかったか。

〈私の四十余年の画の修業が今年になって何の為にやって居たかが明白に判ったような気がした。今日の為にやって居たんだと言う事が今日始めて明白になった。今日腕を奮って後世に残す可き記録画の御用をつとめ得る事の出来た光栄をつくづくと有難く感ずるのである。右の腕はお国に捧げた気持で居る。〉

藤田の才をもってすれば、ベラスケスやドラクロアの描法を借用することなぞ、いともたやすいことであった。敵の姿の見えない近代の総力戦を描くのは、武者絵しか知らぬ日本画家には到底無理なこと。藤田は富士に旭日を組みあわせることしかできない横山大観や、泥絵具を部厚くすることで日本画の枠をこえようと努める川端竜子を哀れむかのように筆を進める。

〈日本画に於いての戦闘画は極めて至難と言いはやされて居た事実が、日本画家の人々により飽くまでやりぬこうと努力されて居る。必ずや私は他に素晴らしい日本画の戦争画が出る事を期待して止まないものである。〉

問題なのは日本画家たちではなく、芸術の枠のなかにとじこもつて時局に背を向けている梅原や安井といった洋画壇のエセ大家たちだ。

〈やりぬかねばならぬ。世間には止むなく転職しなければならぬ人も多い。そうして今は喜んで新しい仕事に励んで居る。私共は従来の絵を捨てて絵の上の転業を実行した事に過ぎない。新しい画業、私は喜んで、そうして第一段から研究にとりかかって居るのである。成し遂げる迄はやりぬかねばならぬ、私は若い画家諸君にこの戦争画をお勧めしたい、戦争はこれからだ。〉

論理の貧しさからみれば、大政翼賛会の文化論と通じあうところに、藤田はいた。

祖国喪失

聖戦美術展、大東亜戦争美術展には多くの洋画家たちが技をきそったが、質量ともに群を抜いたのは藤田嗣治だった。国立近代美術館所蔵品目録によって、藤田の足跡を追っておきたい。

　南昌飛行場爆撃の図（一九三×五一八㎝）、漢口突入の光景（一九三×二五九・五）、哈爾哈河畔戦闘図（一四〇×四四八）、一二月八日の真珠湾（一六一×二六〇）、シンガポール最後の日（一四八×三〇〇）、アッツ島玉砕（一九三・五×二五九・五）、ソロモン海戦に於ける敵の末路（一九三×二五八・五）、〇〇部隊の死闘―於ニューギニア・ブナ（一八一×三六二）、血戦ガダルカナル（二六二×二六五）、神兵救出に到る（一九二・八×二五七）、ブキテマの夜戦Ⅰ（二一〇・五×一六一・五）、ブキテマの夜戦Ⅱ―大柿部隊の奮戦（一三〇・五×一六二）、薫空挺隊敵陣に強行奮戦す（一九四×二五九・五）、サイパン島同胞臣節を完うす（一八一×三六二）

　最後の「サイパン島同胞臣節を完うす」を描き終えた一九四四年の晩秋、情報局主宰の会合が終ったあとの燈火管制下の暗い道で、弟子の宮本三郎に藤田が語りかけたことばが評伝に記されている。

「軍はまだ戦争画をかけといっているがね、もうあぶない、あぶない。日本が負けても、おれや君は困らない。腕を持っているからね。これさえあれば、いつでもどこでも食っていける。ありがたいことに芸術に国境はないんだ」

　一九四五年八月十五日、藤田は丹沢に近い疎開先の小淵村で敗戦を知った。アトリエとなっている農家の離れの庭先で、老画家は一日中何か燃やしていた、その煙りを付近の人たちは目にしている。ある日、この村に一台のジープが現われ、長身の将校と通訳にともなわれて、藤田は、日比谷の濠端に姿を現わしてまもないＧＨＱに運ばれ、文化担当官のミッチェル少佐と会う。これを契機にＧＨＱの高官や夫人たちが、あの「すばらしい深い白」の画家の新作をもとめて藤田を訪れるようになったとき、宮本三郎に洩らした藤田の予言は的中するかに見えた。

「美術家の節操」という宮田重雄の一文が『朝日』に投じられたのは、敗戦から二カ月もたたない十月十四日のことだ。

〈新聞の報ずるところによると、戦後都民の文化的慰安を兼ね、進駐軍に日本美術を紹介するために油絵と彫刻の会を開催するという。その企画自身はまことによろしい。がその油絵を斡旋する画家たちの名前を見て、唖然たらざるを得なかった者は私だけであろうか。曰く藤田嗣治、曰く猪熊弦一郎、曰く鶴田吾郎。これ等の人たちは人も知る、率先、陸軍美術協会の牛耳を抜(と)って、戦争中ファシズムに便乗し通した人たちではないか。……〉

藤田と鶴田が直ちに反論し、宮田がまた応じたけれども、議論は上すべりして噛みあわず、芸術家の戦争責任の問題はうやむやに葬り去られた。とはいうものの、藤田嗣治の真の亡命がここに端を発したことだけはまちがいない。

モスクワまでの長い道

岡田嘉子

岡田嘉子

遠い記憶、遠い声

昭和十三（一九三八）年一月五日の朝日新聞にこんな見出しが躍っている。

〈岡田嘉子謎の行方／杉本良吉氏と同行／樺太で消える／奇怪・遭難か情死か〉

当時わたしは、四月が来ると小学校に上がる年だったから、岡田嘉子がなにもので、事件がいかなる性格のものだったのか知る由もなかったはずなのだが、事件が起こったことだけはぼんやりとおぼえている。正月休みで帰省してきた兄たちや女学生だった姉たちのあいだで、数日のあいだあれこれ噂でもちきりだったからにちがいない。松竹の新進監督小津安二郎の『東京の宿』ひとつ観たことのないわたしの脳裡にも、この美貌のヒロインの名はきざみのこされたのだった。

とはいうものの、人の噂も七十五日というだけではなく、やれ南京陥落、やれ漢口陥落といっては旗行列が行われ、大陸の戦火が拡大していくなかで、岡田嘉子の名を口にするのもはばかられるような時代がつづき、それにつれてわたしの記憶のなかから、彼女の名は消えかけていった。

それから十年、中学生のわたしは結核で療養しなければならなくなり、病院のベッドで一年を過ごした。枕許のラジオが唯一社会につながる窓だったが、山あいのせいか、夜になると遠雷にさまたげられなどして、ＪＯＡＫもＢＫも雑音がまじって急に聞きとりにくくなり、ダイアルを廻すと、鮮明に入ってくるのがモスクワ放送であった。何千キロ何万キロもへだてて送られてくるとは思えぬほどよく入ったが、電波にのって送られてくる音楽は、ときにチャイコフスキーであったりロシア民謡であったりインターナショナルであったりして、その頃急速にひろがっていたジャズなどに馴れた耳には、モスクワから送られてくる音はひどく重々しくひびいたが、音楽にはさまれて伝わってくる女性アナウンサーの声も音楽にあわせたようにゆっくりとした荘重な語り口で、それはときに、数万キロへだてて送られてくるあいだに、ゴム紐のように伸びてしまったのではないかと思うような、いささか古めかしい朗読調なのが、初めはおかしかった。

けれども、馴れればそれはひとつの調子で、明らかにロシア人ではなく、日本人女性の声にちがいなく、ラジオ放送草創期のアナウンスかとさえ思われたが、いくぶんくぐもったような堅い調子が気になった。日々、東西冷戦が色こくなっていた頃だったから、いったいこの女性アナウンサーはどんな経歴の持ち主なのか、なぜ彼女はモスクワにいるのか、わたしのそんな疑問に応えるように、隣のベッドのKさんが、むっくり起き上がって言った。

「岡田嘉子だ。岡田嘉子の声にちがいない」。電気技師だったというKさんは、滅多に昔のことを語る人ではなかったが、学生時代演劇にこったことがあって、岡田嘉子主演の最後の芝居『彦六大いに笑う』を観たといった。

「岡田嘉子のファンだったんですね」

と問うと、透き通るような青ざめた頬に赤味がさし、目にもいつにない生気が甦(よみがえ)ってきて、彼は若いころ伝え聞いたという、幾つかのゴシップやエピソードをぽつりぽつりと語ってくれた。

女優の誕生

晩年、岡田嘉子は求められるまま、たてつづけに三冊ほど自伝風の書物を書き残しているが、最晩年まで保つことに努めたというその美貌に似て、それらの自伝は赤裸々というわけにはいかない。嘉子の父岡田耕平に新聞づくりの手ほどきを受けたというジャーナリスト工藤正治の『岡田嘉子・終りなき冬の旅』は〝一篇の小説〟と断ってはあるものの、自伝に欠けおちている二、三の側面も照らしだして、嘉子の像がある程度立体的に浮かび上がってくるようになっている。

嘉子は明治三十六（一九〇三）年四月二十一日、広島市大下町の病院で岡田武雄（筆名・耕平）、ヤエの長女として生まれた。日露戦争の前夜、大本営の設けられた軍都広島に記者岡田耕平は妻同伴で駐在していた。耕平はまもなく朝鮮、九州、横須賀などに転勤し、東京に戻っても転居が多く、嘉子の転校は八回におよんだが、成績はつねによかった。そして本郷湯島小学校を最後に、東京女子美の西洋画科に入学した。

大正デモクラシーを背に、画壇にも清新な風が吹いてはいたものの、少女たちの関心は青踏（ブルーストッキング）派の主張に盛られた新しい女のあり方に向けられていく。折しも島村抱月の率いる芸術座で女優松井須磨子の演ずる「人形の家」のノラが彼女たちの心をとらえる。明治にはなかった新しい時代の思潮であった。少女たちは辛気くさい素描の教室をぬけだして、「ゴンドラの唄」や「さすらいの唄」を口ずさみつつ、今日は明治座、明日は常盤座と、舞台に須磨子の姿を追い、いつしか女子美のクラスに演劇のサークルが生まれたとき、嘉子はその輪の中心にいた。好んで身につける黒いコスチュームが、美しさに輝きをくわえるようになっていた。

大正七（一九一八）年、女子美を卒えた嘉子は、小樽に戻って、父が主筆を勤める『北門新報』で婦人記者見習いになったものの、女子美時代に芽ばえた舞台への夢は断ちがたく、厳格な父に何度も懇願した末に、逍遥門下の劇作家で早大教授の中村吉蔵に紹介されて、翌春上京する。抱月のあとを追って、松井須磨子が死んだ直後のことだ。

芸術座の幹部だった中村吉蔵は嘉子を松井須磨子の内弟子にと考えていたと、伝記作者は書いているが、果してそれはどうだろうか。嘉子が父につれられて中村吉蔵邸を訪ねたのは、須磨子の死のあとだ。抱月についで須磨子の去った芸術座は、太い屋台骨が二本折れて瓦解の危機に直面していたときだ。芸術座再建という荷は中村吉蔵には重すぎる。折も折、西も東もわからないような演劇少女が内弟子にとやってきたとき、中村の面に困惑の色が浮かんだろうことは想像できる。

「女優なんてものは一年や二年やっても、ものになるかどうかはわからない。十年やってみなければわからない」

と、つきはなすようにさとしはしたものの、内弟子として中村邸に住込むことを許してくれた。須磨子が死んで二カ月後、「カルメン」の日残り興業があった。タバコ工場の女工役が一人足りないといわれて、嘉子がエキストラとしてかりだされ、歌をうたいながら舞台を横切ったのが、女優岡田嘉子の初舞台だったというのは、どこかもの哀しいエピソードだ。喜々としている嘉子に、また中村教授は苦言を呈した。

「働き蜂と女王蜂とは教育の仕方が違うんだ。例外はあるけれど、だいたいにおいて端役から出ると、役者の芸が小さくなる」

抱月と須磨子の死は、芸術座に決定的な打撃となって、ついに立ち直るきっかけを与えなかった。二人の死は、ようやく育ちかけてきた日本の新劇運動にも、もう一つの傷痕を残した事件だったのではないだろうか。芸術座解散ののち、中村は嘉子の演技指導を、舞台協会の加藤精一に托さざるを得なかったが、新人女優を温かくつつんで大きな芸を育む力が舞台協会にあったとは思えない。それればかりではなく、そこには西も東も弁別できない美少女に危い陥穽が待ち受けていた。

舞台協会に入ったはずの嘉子の年譜に、いきなり二年近い空白があるのが気にかかる。彼女の残した自伝は、そこをすっとやりすごしているが、工藤正治の『岡田嘉子・終りなき冬の旅』には、加藤精一のもとにひと足早く入門していた服部義治という俳優志望の若者と嘉子のあいだに生じた「生涯のあとあとまでツメ跡を残した無残な愛の受難劇」として詳述されている。

年譜の空白は、十七歳の少女が妊り、十八歳の春にはすでに一児の母になっていたことを告げている。父の怒り、母の狼狽、女優の道を断たれた嘉子の悲しみ、祝福されることのない赤児は、嘉子の両親の長男として入籍され、小樽の両親に秘かに引きとられていった。夫たるべき服部に俳優の芽はなかった。あらためて早稲田に入ってはみたものの、学業をつづける根気のない男に、生活力を求めることの方が無理というものだった。肺を患う服部の喀血が破局を早めた。

服部が信州の療養所に送られていったあと、嘉子は父親ゆずりの激しい気性で、人生最初の躓き(つまず)をくぐりぬけ、「無残な愛の受難劇」と服部義治の喀(は)いた血を栄養素にでもしたように、倉田百三『出家とその弟子』の舞台で、舞台協会になくてはならない主演女優に成長したばかりでなく、新劇界のスターに躍りでていく。

屍(しかばね)をこえて

『出家とその弟子』は倉田百三のベストセラーだったことも手伝って評判をよび、五日間の帝劇だけでは客をさばききれず、有楽座に移してさらに四日間続けられるほどの成功を収めた。同じ倉田の『父の心配』、メーテルリンクの『青い鳥』、フェステルの『アルト・ハイデルベルヒ』と、舞台協会のプリマは翌年にかけて充実した活躍の連続だった。だが、舞台協会にひとりの島村抱月がいなかったのは、嘉子をいかに不幸に陥れたことか。座長格の山田隆弥が嘉子に注いだ愛は、舞台女優として嘉子を育てることではなく、劇団の経済的苦境を救うため、新興の映画産業に嘉子を売り渡すことにあったといって過言ではない。

日活向島撮影所で川中栄三監督のもと、山田隆弥とともに嘉子が最初に出演した映画『髑髏の舞』は『出家とその弟子』の二番煎じをねらったものだったが、水槽の金魚と軽んじられていた無声映画のスターたちのなかで、舞台できたえられてきた嘉子の演技が注目を集めたのは当然なことだった。とはいうものの、それが須磨子の衣鉢をなげうつものであり、ふたたび舞台に戻ることを永遠に許さなくなるきびしい道であることを、そのとき嘉子はどれほど自覚していただろうか。もうひとつの苦難を背負うことになるのだが、皮肉なことに築地小劇場という名の新劇の新しい灯が燃え上がるのは、嘉子が向島撮影所に身を売ってまもなくのことだった。

武者小路実篤『その妹』、トルストイの『闇の力』『復活』などを最後に、岡田嘉子の姿は舞台から消えた。舞台協会の経営難を救うためというのは表向きの理由で、嘉子が日活京都撮影所に単身入社したのは、山田隆弥との許されぬ愛に終止符をうつためだったといってよいかもしれない。〝大正のお軽〟という異名が彼女の背に投げかけられた。日活の実力派監督村田実の専属のように、『街の手品師』を第一作に次つぎにヒット作が生まれた。そのくせ嘉子はいつも何ものかにかりたてられるようにあせっていた。

〈月給五百円で京都住まい。当時としては大変な高給取りだったそうです。もっともその中から、わずかですけど借金は引かれる、父ももう働けない体でしたし、母も病身でしたから、出費は嵩んで、そんなに楽ではありませんでした。それにあたくしはお金のことって、いまだにそうですけど、まったくだめなんですよね。しょっちゅう足りなくて、会社に借りに行くと、会社はまだ売れると思ってますから、いくらでも貸すんですよね。古い借金を少しずつ返したって、新しい借金がどんどん増えていく。これじゃお女郎とおんなじだって深刻に悩みました。〉

ある日衝撃的なできごとが起こった。山の療養所で余命いくばくもない服部義治が京都まで会いに来た。撮影中で会えぬまま、鉄道に身を投げて果てた。

またある日衝撃的なできごとを嘉子自らが引き起こした。村田実監督の『椿姫』に出演した彼女は、際限もなくダメばかり出す日ごろの監督のやり方に反抗して、競演の貴族俳優竹内良一とともに、途中で撮影を放棄して失踪した。このゴシップは新聞を賑わしただけではなく、村田実の監督生命をも奪った。それだけではなく、事件の衝撃は実質的な夫であった山田隆弥にも及んで、山田は西田天香の一燈園の門をくぐり、「素わらじ劇団」の座長となって、余生を托鉢の旅興業に過ごすこととなる。

雨の日も　風の日も……

「『椿姫』撮影中の岡田嘉子、年下の相手役竹内良一と恋の逃避行……」と、記された歴史年表の同じ昭和二（一九二七）年三月十五日の項に、「東京渡辺銀行・あかぢ貯蓄銀行休業〈昭和金融恐慌〉はじまる」とあり、その直後には常磐（じょうばん）炭坑のストで右翼暴力団との衝突が起ったことや、郵船司厨部の待遇改善要求の罷業などが並記されており、台湾銀行、鈴木商店の大型倒産を契機に若槻内閣が退陣に追いこまれていった時期に重なることがわかる。
『椿姫』撮影をボイコットした嘉子と竹内は、逃避先の奈良から日活撮影所と村田監督にあてて抗議文と辞表を送っているから、二人の行為には映画産業の非人間的、非近代的な現状への抗議が示されていたはずだったのだが、新聞は二人の行動をもっぱら〈恋の逃避行〉というスキャンダラスな失踪事件として伝えた。嘉子が日活の看板女優であり、竹内が外松男爵家の嗣子であったことが、火に油をそそぎもしたのであろう。十日におよぶ行方不明のあいだ、新聞は二人についてあることないことゴシップを並べたてたが、二人の抗議文は日活によって握りつぶされ、二人だけの罷業は、惨めな敗北に終ってしまったといわねばならない。

　逃避先の九州から東京に送り返された竹内良一は男爵家の廃嫡届を出し、二人は近親者に囲まれて、外松邸の広間で内祝言をあげた。

　東京渡辺銀行の休業に始まった金融恐慌は、日本経済に三週間のモラトリアムを公布したが、〈恋の逃避行〉から外松家に入籍した嘉子の背には、撮影に入ったら親の死に目にも会えぬといわれる俳優としての職業倫理を破ったという〈緋文字〉が刻印されたにもひとしかった。永久追放にも似たこの〈緋文字〉こそ、十年後の杉本良吉とのあの不可解な亡命の機動因につながっていなかったかどうか。

　東京青山の外松旧男爵邸の閑雅な新婚生活が、嘉子の安住の地でなかったことはいうまでもない。彼女には養うべき老父母となさぬなかの〈弟〉もいた。年若い夫の竹内に生活をきり開く才覚はない。一歩邸外に出れば、築地小劇場の分裂を機に新劇の世界には激しい風が吹いていたが、彼女に身を寄せるべき劇団はなかった。村八分ともいうべき演劇界で、嘉子に近づいてくる二分の荒地が残っているとすれば、浅草を根城とする根岸興業部しかなかった。〈映画芸術協会会長・直木三十五〉の中立ちで〈岡田嘉子一座〉の垂幕が浅草にはためいたのは、〈恋の逃避行〉から一年たった昭和三（一九二八）年正月のことだった。

雨の日も　風の日も　泣いて暮らす
わたしゃ　浮世の　渡り鳥
泣くんじゃないよ　泣くんじゃないよ

と、嘉子が竹内とともに舞台に立って歌うと、

「ご両人！」「ようカケオチ」といったかけ声が、客席からとんだ。「岡田嘉子一座」はスキャンダルに支えられて人気をよび、浅草興行のあと、新宿第一劇場、横浜劇場、やがて、翌年正月には大阪道頓堀へと進出し、

赤い灯　青い灯　道頓堀の……

と、大衆の支持を集め、やがて九州、四国から、玄界灘を渡って朝鮮、満州、上海、台湾へと、「千万里公演」の旅がつづく。評伝『岡田嘉子・終りなき冬の旅』によれば、「ハハヤエビヨウキデキューシス」の悲報を受けとったのは、「満州途上」のことと記されている。嘉子は初めて芸人のつらさをかみしめながら、母の霊に親不孝の涙をそそいだにちがいない。

軍靴のひびきのなかで

「満州事変」の勃発は、「千万里公演」という名の旅興業を不可能にした。ドサ廻りの旅役者にまで身を堕してみれば、すでに女優岡田嘉子が新劇の舞台にもどる道はのこされてはいない。母ヤエがむかし、嘉子の学費を稼ぎだすてだてに小樽の街でしる粉屋を出したのにならって、銀座裏におでん屋を出したところ、その美貌も手伝って、千客万来のにぎわいをみせた。旅興業のつらさに比べれば、おでん屋商売はほんの夜なべ仕事といったたくましさが身についていたのでもあったろう。

日活京都撮影所を永久追放となってすでに六年、身をおでん屋のおかみに堕した岡田嘉子を、他の活動屋が見のがしているはずもない。六年間の日蔭の暮らしは、映画界からの追放を解除されるための苦役であったかのように、ある日、松竹蒲田から嘉子にスクリーンへの復帰の打診があったのも、おどろくにはあたらない。映画が長い無声時代に別れをつげ、本格的なトーキーの時代が幕をあけようとしているとき、嘉子のような舞台経験とエロキューションを身につけたキャリア女優を、日活のライバルがほうっておくはずもなかった。

いくらかのためらいはあったものの、すでに舞台にもどる道を断たれた嘉子は、夫の竹内良一とペアの条件で、松竹と専属契約をした。昭和七（一九三二）年正月、「満州事変」のまっ最中、映画産業は時代に添寝するような道をたどるほかない以上、須磨子の弟子が生命をかけるような場は、そこには見いだせなかったにちがいない。

意にそわぬ通俗作品のなか、衣笠貞之助の傑作『忠臣蔵』で坂東寿三郎の内蔵之助、林長二郎の内匠頭（たくみのかみ）、嘉子の内蔵之助妻おるいの競演は、観客の熱い支持を受け、同じ監督のもと林長二郎と共演した長谷川伸原作『一本刀土俵入り』は映画史に残るものとなったし、清水宏監督の『泣き濡れた春の女よ』も題名とは異なり、炭坑の町を舞台に時代の暗さを映しだす名作と評判をよんだ。松竹の新鋭監督小津安二郎が『また逢う日まで』『東京の女』『東京の宿』と、たてつづけに嘉子を主演に起用していたことを思えば、嘉子にはのちに絹代の歩んだ道がのこされていたとみることもできる。

とはいえ、大正デモクラシーに培われたこの女優の魂の底には、つねに言い知れぬ自由への飢餓感がただよっていて、今に充ち足りることを拒むのだ。松竹移籍とともに手放していた銀座裏のおでん屋に代って、新橋にバー「あざみ」を開店し、大船の撮影所に通うよりも、いつしか「あざみ」のカウンターの向うにおさまることの方が多くなっていた。客席には大船帰りの映画監督や演劇人が多く、銀座裏のおでん屋同様、にぎわった。

新派の大御所ともいうべき井上正夫が、新派の殻を破って、劇場公演のできる中間演劇を目ざすため、左翼・新協劇団の村山知義の協力のもと、「井上演劇道場」を計画し、岡田嘉子を誘いたがっているという噂が「あざみ」にもたらされた数日後、その井上正夫自らが「あざみ」に姿を現わしたくだりは、評伝『岡田嘉子・終りなき冬の旅』にこう描かれている。

へ「まあ先生ようこそ」

「ご繁昌で……今夜は岡田さんにお願いがあって来ましたよ」

「おやまあ、何でございましょう。私でできますことなら、何なりとも……どうぞお掛けになって……」

井上の突然の来訪に、もしやというおよその予測がつかないことではなく、嘉子の胸中に早鐘が鳴った。

「あんたはやはり舞台のお人だ。今どきの映画にくすぶっておられるのは何とも惜しい。舞台に帰って、わしと一緒に新しい芝居を開拓してみる気はありませんか。あなたと芝居ができればありがたいんだがなあ」〉

映画に踏み迷って十数年、ようやく憧れの舞台にもう一度立てることになって、嘉子の胸は〈早鐘〉をうったのに相違ない。すでに竹内良一とは別居していたが、竹内の妹京子を連れて井上演劇道場に嘉子が参加したその翌月、東京の街が珍しく尺余の雪に降りこまれた朝まだきころ、首相官邸が完全武装の兵士たちに囲まれ、重臣たちの多くが襲撃される事件が起こった。二・二六事件の戒厳令がまだ解けぬ五月、阿部定の猟奇にみちた事件を伝える号外が街に舞った。

国境警備隊慰問の旅

井上正夫の「演劇道場」は二・二六事件の戒厳令がようやく解けるころ、三好十郎の書き下した『彦六大いに笑う』の舞台稽古に入っていた。井上の彦六に配するに情婦お辻を嘉子が演じ、新協劇団の杉本良吉が演出を担当した。昭和十一（一九三六）年七月、杉本良吉との初めての出会いを、嘉子はこう記している。

〈演出家としての彼は、村山知義さんほど知名度はなく、年令もまだ二十九歳、どちらかといえば童顔で、背が高く、青年らしさの抜けきらない感じでした。それに、演出の数はまだ浅く、ことに商業演劇の演出ははじめてでしたから、井上正夫のようなプロのベテラン俳優を相手ではやりにくかったと思います。けれど井上という人が偉くて、彼に気おくれさせまいと、自ら率先して、演出家としての彼を立て、また合間には、ごく親しい態度で接していましたから、まもなく、一座のみんなとも解けあって、それに何よりも、彼の誠実な態度が、人間としても、また仕事の上でも好感をもたれました。〉

コップ（日本演劇同盟）の活動家として捕えられ、懲役二年執行猶予五年の確定した杉本良吉にとって、井上演劇道場はしばしの嵐をさけるための避難港だったのかもしれない。北大予科から早稲田の露文に進んだ杉本は、すぐれた語学力でスタニスラフスキー・システムを身につけた数少い演出家であり、オストロフスキーの『鋼鉄はいかに鍛えられたか』の訳者としても注目されていた。嘉子にとって、杉本は初めて接する新しいタイプの演劇人であり、杉本の口にするスタニスラフスキーの『俳優修業』の一節やメイエルホリドの舞台空間論はわからぬなりに鮮烈な印象を嘉子に与えた。

杉本には肺を病む許婚（いいなずけ）がおり、嘉子には生活の綻（ほころ）びた夫の竹内がいた。杉本と嘉子のあいだに新しい絆が結ばれるのを、井上演劇道場で知っていたのは、義妹の竹内京子ただひとりであったから、二人のあいだに大胆不敵なシナリオが描かれ、それが現実のものとなるまで、誰ひとり気づくものはなかった。

　昭和十二（一九三七）年十二月二十五日、赤いセーターに茶のスラックス、黒い毛糸の帽子をまぶかにかむり、飴色のサングラスをかけた嘉子は、スキーにトランクを抱えた竹内京子に送られて、上野駅発の夜汽車に乗った。宇都宮駅でアノラック姿の杉本が合流した。それぞれ思い出深い小樽、札幌の街を見おさめたあと、稚内から連絡船に乗った二人が大泊（コルサコフ）をへて、樺太の国境の町敷香（ポロナイスク）に着いたのは、十二月三十一日のことだ。

　年末休業の札のさがった旅館山形屋に、むりを頼んで二人は投宿した。茶を運んできた女中が、サングラスをはずした嘉子をみて、おどろいた。有名な女優の岡田嘉子さんがなんで大晦日にこんな国境の街に来られたのかと、山形屋では大騒ぎになった。そのとき、嘉子はあわてず騒がず、正月休み、スキーツアーをかねて、国境警備隊の皆さんの慰問に来たのだと告げた。傍らで、スタニスラフスキー専門の若き演出家は嘉子の名演技に脱帽していた。

　山形屋の女将鎌田すずえはすっかり感激し、さっそく敷香警察署長鈴木長太郎に連絡して、岡田嘉子様一行の国境警備隊慰問のスケジュールは、万端ととのったのだった。

北緯五十度線をこうして越えた

敷香（ポロナイスク）の宿で元旦を迎えた岡田嘉子と杉本良吉は、宿の主人の案内で、オロチョン族の村「オタスの森」に出かけている。旅の目的の一つが、いずれアイヌの物語を芝居にする、そのための予備調査だというふれこみだったからだ。

赤々とストーブのもえる天幕のなかに招かれて、「桃太郎」という日本名を持つ酋長が、オロチョン族の生活全般について語るのを、嘉子は相槌うちながら聞き、杉本がしきりにメモをとるのは、いかにも自然だった。

オロチョン族の男たちは狩猟で生計をたてつつも、国境警備の仕事にも従っており、正月三カ日だけは、任務から解き放たれているなどという耳よりな話も酋長は口にした。

オタスの森からさらに幌内川をさかのぼると、保恵、気屯という集落があり、そこから国境までは敷香に出るくらいの距離であることもたしかめ、二人はいかにもスキーを楽しむかのようにスキーをはいて滑りながら、そのあたりの雪質までも、しっかりと頭にいれて、宿にもどった。

一月二日は、決行を明日にひかえて、二人は十分な休養をとった。杉本が風邪気味でいくらか熱っぽいことが気になった。

あけて一月三日、宿で用意してもらった牛肉、野菜、酒などを馬橇に積んで、二人は国境警備隊慰問にむけて、朝早く出発した。

敷香警察署長から半田沢の警備隊屯所には、二人の慰問はすでに電話で通報されている。途中気屯まで馬橇は快調に走ったが、国境に近づくにつれて道は新雪におおわれ、半田沢の屯所にたどりついたのは、午後二時をすぎていた。思いがけない珍客、豪勢なさし入れに、屯所はわきたち、すぐに開かれた宴の席で嘉子はブルースを歌い、杉本とのダンスまでも披露して喝采をよんだと、伝記は伝えている。時計にちらと目をやりながら、嘉子が隊長にむかって、

「せっかくここまで来て国境を見ずに帰るのは残念だわ。皆さんお飲みになっているあいだに、ちょっとだけでも見れないかしら」

と、ごく自然な調子で言い、隊長も気がつかずに失礼したと弁解して、さっそく馬橇が屯所を出るまで、ドラマは流れるように進展していく。

隊員二人がスキーで橇に随行したが、銃と無線機は橇に乗せたままだった。

「暗くなると国境が見えなくなるから、急いでちょうだい」

と、嘉子は御者をせかせて馬にムチをあてさせた。みるみるうちに、スキー姿の隊員二人が後方に小さく遠ざかっていったころ、橇は国境線に着いて停まった。嘉子自身の語るところをみてみよう。

〈ソリが止まった途端に、あたくしたちは飛び降りて、ソビエト領のほうへ向かって走りました。走るっていったって、胸まで雪で埋まっちゃうんですからね。ただもう必死で泳いで行ったようなものなんです。馬の面倒を見ていた御者が、あたくしたちに気がついて驚いたんでしょう、しばらく声をかけていたそうです。あたくしたちが間違えたと思ったらしいんですね。そのときはただ無我夢中。とにかく進まなければ、国境の向う側へ行き着かなければ、っていうことしか頭になかったから、何も耳に入りませんでした。〉

零下三十度、豪雪のなか、体じゅうから汗がふきだし、襟巻きもセーターも嘉子は脱ぎすてて雪の中を泳いだ。杉本が持っていたスーツケースには、嘉子のコールドクリーム何カ月分かが入っていたが、それもすてた。国境を示す石柱をこえたところで、杉本は呼笛（よびこ）を吹いた。ソ連側オルスコエ屯所から、ばらばらと兵士がとびだしてきたとき、嘉子は気がゆるんで若い兵士の腕のなかに倒れこんでいった。

運命の女優

〈岡田嘉子謎の行方／杉本良吉氏と同行／樺太で消える／奇怪・遭難か情死か〉

朝日新聞に第一報が伝えられたのは、越境二日後の一月五日だった。

〈謎解けぬ雪の国境／思想上の悩みか／邪恋の清算か／愛の世界では前科者の二人〉

翌六日の続報からも、事件は謎として報じられているのだが、杉本良吉の属する新協劇団がいち早く声明を発表し、杉本を除名し、世間を騒がせたことに対する陳謝を表明しているのが、奇異に感じられる。左翼に対する弾圧のきびしいなかで、新協劇団が自らを守るにはやむをえざる自衛手段でもあったろうか。

その日の夕刊は、ようやく事件の輪郭を浮きぼりにしてこう伝える。

〈謎の杉本と嘉子・果然入露／拳銃で橇屋を脅迫／雪を蹴って越境／夕闇の彼方に姿消ゆ／ソ連側に通じて計画的潜入か／警視庁も重大視す〉

これらの記事の最後に、嘉子の属する演劇道場の座長井上正夫の「運命の女優」と題する談話が載っていて、新協劇団の声明とは対照的だ。

〈全く夢のような気がします。実は昨日二人の話をきいた時、私は岡田が死んでいるものと思いました。芸の人は死ぬ前に屡々(しばしば)非常に上手になるものです。岡田の最近の芸はそれ程上手になっていました。私が一座を作ってから、かれこれ一年半舞台を共にしたのですが、彼女を失って丁度要(かなめ)を失ったような気持です。杉本という人はそんな人とは夢にも知りませんでした。岡田は結局、男に引きずられて行ったのでしょうから、私にとっては岡田が生きていてくれれば何よりと思います。しかしあの女優は結局こういう運命の女だったのでしょう。〉

新協劇団の俳優松本克平は、獄中で杉本良吉の亡命事件を知った。杉本と親しかったことが、さらに松本の拘留を長びかせたと回想しながら、松本は書いている。

〈戦争中我々は杉本の死を想像していたが、彼の獄死を知ったのは戦後である。彼の才能を惜しみながらもただ一つ、女性を越境の道連れにした点が我々を釈然とさせなかった。ところが昭和四十七年七月、共産党の宮本顕治によって「杉本良吉の越境はコミンテルンとの連絡回復のため」であったことが明らかにされた。我々は彼の名誉回復を喜んだものの、やはり女性を道連れにしたというシコリは残った。杉本には杉山智恵子という美人の妻がいたが、彼女は病床に臥していた。越境事件のショックが原因で病勢悪化して死んで行った。

そしてもう一つ。当時すでに日本共産党の幹部は殆ど獄中にあり、杉本に連絡回復の委任状を出せる状況ではなかったといわれていることである。だとすると、杉本は何年も前に委ねられた任務を昭和十三年になって敢行して、あのような結果を招いたのではなかったかという疑問を感ぜずにはいられない。昭和十二年六月にはすでにモスコーの土方与志や佐野碩はスターリンによって国外退去を命じられていたのである。そういうスターリン粛正の嵐の真只中へ杉本は越境したのである。〉

国境を越えて三日目、二人のことが東京の新聞をにぎわしていたころ、すでに嘉子は杉本から引き離され、北樺太のアレキサンドロフスクに送られ、凍りついた海峡を橇で渡ってニコライエフスク、ハバロフスクと囚人車で揺られていく。杉本から習ったスパシーボ（ありがとう）、ウボルナイ（お手洗い）、ドスビダーニャ（さようなら）というたった三つのロシア語しか知らない嘉子には、自分にどんな罪名がきせられ、何年の刑が科されたのかもわかりはしないまま、苛酷な日々が待っていた。

モスクワまで十年の道のり

〈あたくしという人間は、何かひとつ、こうと思うと、なんとでもして、それを達成させたいって思い込むたちなんですね。〉

〈でも、そういうつきつめた気持と平行して、あたくしにはまた、なるようになるんだ、っていう楽天的なところもあるんですよね。〉

〈はたから考えたら、相当深刻な状況だったのかもしれませんけれども、やっぱりあたくしにはどこか抜けたところがあるんでしょうね。なんか舞台の延長みたいな気がして。だって、あんまり今までの実生活とはかけ離れているんですものね。〉

岡田嘉子の自叙伝のなかから、越境からトンネルのように長いラーゲリを耐えしのんだキーワードを拾うと、こんな平凡な自己分析のことばしか浮かんではこない。

とはいえ、零下四十度の酷寒のなか肺炎にかかり、まっ赤な血痰を吐いたときには、「もうだめだ！ おしまいだ」と絶望の渕に投げこまれた。越境して二年、「杉本が風邪から肺炎になって死んだ」ときかされたときには、衝撃で言葉も涙も出ない痴呆状態で三日をすごした。四日目に呼びだされた嘉子に典獄が杉本の死亡証明書を手渡し、「こうなった以上、あなたは日本に帰りなさい」と言ったとき、彼女は痴呆状態から現実にひきもどされ、「どんなことでもしますから、日本にだけは帰さないでください」と必死に懇願した。

〈たとえ監獄に何年いても、帰るよりはよかったんです。あたくしは日本で生きることができなくなって、逃げてきたんですから。これが日本に身寄りでもあれば、また事情も違っていたかもしれませんけれど、あたくしには誰もいなかったでしょう。ですからなおのこと、思い残すことはありませんでした。彼が死んだとなればなおのこと帰れない、っていう気持でした。〉

それは、生きて虜囚の辱めを受けるなかれ、という戦陣訓ゆえに祖国送還を望まず、ソ連にそのままとどまったノモンハンの捕虜の心境と通ずるものがある。「日本へ帰す」ということばを、嘉子はもっとも恐れた。それは、望郷の念を断ちきることとは、別の次元の問題だった。

禁固刑の最後を、モスクワから東へ千三百キロへだたるチカロフ（現オレンブルグ）のラーゲリで過ごしたことは、彼女の後半生の運命を変える契機となった。日常生活に不便のないほどにロシア語に慣れてみれば、ラーゲリにはさまざまな女囚たちがいた。作家のビリニャークの夫人もいれば、ボリショイの歌手やバレリーナもいた。ラーゲリでなければめぐりあえぬようなロシア社会の〝個〟があったといってよいかもしれない。逆に、越境して女囚となった日本の女優の存在も、彼女らに注目されていったのに相違ない。そんななかで、彼女はチカロフに疎開してきたジャパノロジストのニーナともめぐりあう。

〈戦争がすむと、ニーナはモスクワに帰りました。そしていろんなところに、あたくしの話をしてくれたらしいんです。日本人のインテリがいる、彼女の日本語は役に立つから、と言って。それが効を奏したんでしょうね。ある日、外科の女医さんが教えてくれたんです。「あなたにとてもいい報せがきたわ。モスクワへ行く許可がおりたのよ」って。一九四七年の秋の終わり、日本を出てから十年目のことでした。〉

モスクワの外国語図書出版所で働くことになった岡田嘉子は、翌一九四八年、その美貌ではなく美声をかわれて、モスクワ放送局日本語課にスカウトされた。

戦後まもなく、結核で入院した療養所でわたしのきいたモスクワ放送は、たしかに岡田嘉子の声だったのだ。

ミクロネシアの光と風

土方久功

土方久功

小石川土方伯爵邸

わたしの子どものころ熱中して読んだ漫画は「のらくろ」と「冒険ダン吉」だった。のらくろは軍隊でさんざん苦労した末に、たしか満蒙開拓団の団長かなにかになって大陸に渡っていったから、彼の未来は不幸なものに終ったにちがいない。冒険ダン吉は南の島の王様に押し上げられたりなどしたが、漫画の結末はおぼえていないけれども、彼の運命もまた玉砕というような悲劇に終ったのではないだろうか。われらがヒーローたちは軍の意向に従って北進また南進と華やかに活躍したけれども、結局はともに戦争に傷ついて姿を消していった。

昭和の初め、漂然と「南洋」に向かいサテワーヌ島という南溟の孤島に住みついて、ときには村長になってくれないかと島民に相談されたりなどした土方久功という彫刻家は、ひょっとすると冒険ダン吉のモデルに見立てられたことがあったかもしれないが、彼にとって、それははなはだ不愉快なことだったにちがいない。

久功の名は知らなくても、土方与志の名を知る新劇愛好家は多いはずだ。土佐藩の元勲土方久元伯爵の嫡孫で、私財を投じて築地小劇場を創った土方与志は、この国の新劇運動に大きな足跡をのこしたが、外遊中、小林多喜二の死の報せを聞き、モスクワの作家同盟の大会で虐殺に抗議する演説を行なったため、輝ける爵位を剥奪されて評判になった。

わが主人公土方久功は久元伯爵の甥にあたるが、孫の与志よりも二年おくれて一九〇〇（明治三十三）年、小石川林町の三万坪もある伯爵邸の一郭で生まれ、幼いころ二つ年長の「与志ちゃん」にはよく遊んでもらったものだ、と回想に記している。

父久路（ひさみち）は、陸軍のエリートとしてドイツ駐在武官なども勤めた。陸軍将校には似つかわしくもなく、髪は七・三にわけ、カイゼル髭をつねにチックで整えていた。母初栄は海軍大将柴山矢八の長女で、鹿鳴館から抜けでてきたような洋装が似合った。邸にはいつもひいきの尾上親方が角力とりを連れて現われるというような華やぎがあったが、家庭は必ずしも明るくはなかった。父方の伯父土方久元は幕末三条実美（さねとみ）に従って七卿落ちに活躍し、母方の祖父柴山矢八の長兄良助は江戸薩摩屋敷焼打ちの際に捕われて獄死し、次兄慶次郎は寺田屋で斬殺されたことなどを考えると、土方家の一見華やかな装いのかげに、幕末動乱のころの血の匂いが拭いきれずに残っていたのかもしれない。

学習院中等科二年の秋、夏目漱石が来て「私の個人主義」と題する講演を行ない、久功は強く心を動かされた。英語が際立ってできた。父久路が肋膜炎から不治の結核にかかり、退役するとまもなく急逝することがなかったら、久功の前途はまたべつのものになったかもしれない。中等科を卒えたまま、彼は二年間父の看護に献身したのち、母方の援助でなるべく月謝の安上りなところということで、東京美術学校の彫塑（ちょうそ）科をえらびながら、「手モツケタコトノナイヨウナトコロニ入ッテシマッタ」と、ノートに向かって述懐している。同級生に岡鹿之助、小泉清、山本丘人などがいた。

青春の彷徨

土方が美校に入ったのは一九一九（大正八）年、第一次大戦が終って西欧の新しい美術の波が日本にも滔々と流れ込んでいたころだ。美校彫塑科の旧態依然とした空気にあきたりない若い美学生たちは、立体派、未来派、表現派などの新しい波に無関心ではいられなかったろう。ポール・ゴーガンの『ノア・ノア』が早くも翻訳されたのはその頃だし、柳宗悦の『朝鮮とその芸術』に土方が心を寄せたのもその頃で、片カナを多用する日記をつけはじめて、百二十三冊の日記を生涯に残すことにもなるが、そこには、美しい詩が随所にとどめられてゆく。古代の美を求めて縄文土器の発掘に参加したりもした。美校四年のなかで、彫刻家、詩人、民俗学者のすべての資質が磨かれていったのであろう。

美校最後の修学旅行で奈良・京都・滋賀の古美術を観て廻った雑感が、当時の『校友会報』に残されている。

〈自分たちは現代をつきつめることによって古き美術の偉大を知り、古き美術を深く探ることによって新らしき道を求め得るのではあるまいか。何故なら所有時代のもとに所有様式をとって来たとは云へ、それ等のよきものは総て只一つの芸術をめざしてゐるから。自分は此の重大な意義を認めるものである。〉

学生時代の土方の作品は残されていないから、その作風はわからないが、上野で初めてフランス美術展が開かれたとき、彼が日記に「ロダンハ好カナイ」「ブルデルト云フ人ノモノワ、マルデ好カナイ」「マイヨールノモノガ沢山ニ見ラレルノワ嬉シイ」と記しているところから、若き彫刻家の目ざそうとしていた作風の一端をうかがうことができる。

関東大震災で身ぐるみ焼かれた土方は、幼い姪を抱いて猛火のなかを逃げのびる。大震災の報に接した土方与志はドイツ留学を一年足らずできりあげて帰国するが、与志が自邸に模型舞台研究所をつくったとき、久功は協力して舞台装置や照明の仕事に徹夜で熱中する。やがて、与志が私財をなげうって創設した築地小劇場の正面には、久功の手によって小劇場のシンボル・マークともなった「葡萄の房」がとりつけられもした。もし、日本の新劇運動がはげしい弾圧のなかで四分五裂してゆかなければ、久功は土方与志に協力して舞台装置家になっていたかもしれない。

美校を卒えたその年、秋の二科展に石膏（せっこう）二点を出品するが、落選する。会場には前年フランスから帰った坂本繁二郎の滞欧作がずらりと並んでいた。翌年の二科は見送って、その翌年院展に四点を出したが、また落ちた。入選作を観て廻りながら、日記にしるす。「彫刻ニ精神的ナル何物モナイ！　ソコニハ彫刻ハナクテ、モデルノ影ガ立ッテイルダケダ」。

そして、ゴーガンについてこう書いている。

〈ゴーガンの小さな伝記を読む。懐しいゴーガン、最初に好きになったのはゴーガンだ。ゴーガンの幻想的なものがひどく引きつける。『ノア・ノア』は古くに読んだ。手紙も繰り返し読んだものだ。ゴーガンは全く不思議なほどに親しい。〉

第一次大戦の結果、南太平洋に広がるミクロネシアの無数の島々が日本の委任統治領になったばかりだったことを考えれば、ゴーガンへの親しみが土方の「南洋」行きの直接の動機づけになったわけでは必ずしもなかったとしても、ゴーガンの作品にひかれてパリに多くの若い日本の画家たちが出かけていくなかで、土方久功の目が直接、眼前の太平洋の島々に向かっていったのは、どれだけ健康だったことだろう。

とはいうものの、二科、院展と二度の連続落選は、この若い彫刻家をうちのめし、石彫がだめなら木彫へと意欲をかきたて、無理がたたってか、「木彫家ニナッテ五十日目で、二度目ノ血ノ洗礼（喀血）ダ」と日記に書いたように、健康は損われていた。日本橋の丸善で開いた初の彫刻小品展は「在来の常識的な表現法に満足しないで、明敏な知覚と純正無垢な心で、新しい世界を示した」と一部に好評を博しはしたものの、作品が飛ぶように売れるというわけではなかった。

追打ちをかけるように、母の初栄が心臓を病んで急死するなかで、土方兄弟はそれぞれ親戚の厄介になる他はない境涯につき落されていく。「南洋」行きを現実のものにしたのは、八方ふさがりの現実を超えたかったからにちがいない。一九二九（昭和四）年三月、南洋航路の「山城丸」でパラオに向けて横浜を発つ前に、土方はこんな詩をうたった。

私の血は常夏の海へと憧れる
その南の青い海の只中に浮かんでいる小さな島は

私のためにしばらく好もしい生活と、それから
私のために静かな墓場とを用意してくれるだろう

土方のポケットにはフランシス・ジャムの詩集が入っており、やさしい詩をうたいたいと日記にしるした。

ア・バイの発見

パラオ諸島の主邑（しゆゆう）コロールには喫茶店があってコーヒーとカステラが出てきたと、南洋の日記は始まっている。一切れのカステラを食いおさめとして、パンツ一枚の南洋生活はスタートする。南洋庁に出かけていって見つけた仕事は、各地の学校を巡回して彫刻を教えるというものだった。早速、自己紹介にも似た長い詩が生まれた。その最初の一節。

青蜥蜴（とかげ）の夢

昭和四年の春早く私はパラオの島に渡った。
そして間もなく一軒の土人の家を借りて、
土人の生活にのめりこんでいった。
私の連れはディラゲールと

オバックルビーの二人の娘
二人はスペイン坊主の教会から
日曜日の小綺麗な着物をつけて
べちゃべちゃ皆と喋りながら帰って来たが
私を見ると其の友達とのお喋りの調子で
小鳥のように明るく、こだわりなく
今日のガルミヅゆきを誘うのだった
「ネ、マスタン　ガルミヅに行こう
私たちの親類の家にお祝があるのだよ
行って御馳走を食べようよ
それからマスタン　帳面を忘れないようにね
沢山の人達が来るよ、そして
あなたは又人々が食べたりする所を描くのだろう
それから色んなことをきいては
独逸の字で書きつけるのだろう
今日は丁度日曜日だし、お天気はいいし
ネ、マスタン　ガルミヅへ行こうよ」

詩人はこのあどけない娘たちとたちまち親しさを増してゆき、幸福な恋人同士になれることを夢見さえするようになっている。日本にいた二十九年の歳月のなかではついぞえられなかった自己解放と自由の感覚。

パラオに着いて四日目にして、土方を魔力のようにとらえたものは、ア・バイとよばれるミクロネシア特有の〝公会堂〟。平時独身男性の合宿所であるこの建物は、一旦緩急あれば酋長の命令のもと、部落全員がここに集まることもあれば、賓客の接待の場にもあてられる。飛騨の合掌造りに似て釘一本用いられることなく、巨大な屋根は椰子の葉で念入りに葺(ふ)かれ、破風(はふ)板や内部の梁や柱には南の島のありとあらゆる風物が細密画のように華麗に彫りあげられているのだった。文字を持たぬ民族の、それは神話であり伝説であり、叙事詩であり絵巻でもあるような、綜合芸術だったといえぬだろうか。

かつてスペイン帝国は大航海時代の利によってミクロネシアを勝手に版図(はんと)にくみいれ、米西戦争に敗れるとみるや、これを一、六七五万マルクでハプスブルグ家に売りとばした。ミクロネシアはドイツからはあまりに遠く、第一次大戦で漁夫の利をしめた日本に、その運命は委ねられることになった。その都度異なる植民政策のなかで、ミクロネシアの生活文化はもてあそばれた末、ア・バイはみるみるうちに姿を消していくことを見てとった土方久功に、いったい何ができるというのだろう。

南洋庁嘱託を一年で辞めた土方には、有力な助人(すけつと)が現われた。パラオに住みついて十三年、パラオ語を自在に操ることのできる杉浦佐助という一人の大工が、彫刻の弟子になりたいと申してきたのだ。通訳杉浦佐助という有力な金棒をえて、土方久功のミクロネシア民俗の研究は、ここから本格的に始まることになっていく。

「南洋原始」の郷サタワル島

土方久功がパラオで見たものは、無垢の島々に捺(お)された〝植民〟の地層だった。かつてスペイン植民帝国は島の現住者たちに、やたら自分たち白人の血を混じらせて去っていった。ついでに清浄な南の島に、鼻までもいでしまうような病原菌も残していった。

ドイツ帝国の統治期間は短かかったが、それでも熱心な宣教師が踏みとどまっていて、主要な島々にはヒゲ文字とともにキリスト教がゆきわたっていた。

そして次なる統治者には植民の伝統も明らかな方策もないままに、役人、商人、出稼ぎ人など、多くの日本人がぞくぞく現われて、むやみと威張り散らしているというのが、土方の目にしたパラオにおける〝南洋〟の風景だった。

一九三一年九月、土方は「文明の波に浸されぬ孤島」を目ざし、弟子の杉浦佐助とともにパラオをあとにする。年四回の定期船「長明丸」は二百トン足らずの機帆船で、パラオをたつとグルール、ラソール、ファイス、オレヤイ、ユフェリック、エラートといった島々にたちよって、コプラ買出しの商人たちをおろし、十八日間の長い航海の果てに、ミクロネシア最東端の孤島サタワル島に土方たちを運んでいった。

のちにまとめた調査報告に、土方はサタワル島の概要をこう記す。

〈サタワル（Satawal）島は、旧日本領南洋群島ヤップ支庁管区の最東端、ヤップを去る六百哩余、絶海の孤島で、環礁もなく属島もない、単独なテーブル・リーフの島である。面積は僅かに百町歩余、島民人口三百にたりない小島である。〉

島民わずか二百八十余人のなかに、第一、第二、第三と三人の酋長がいて、上陸に際して土方は土産のタバコをさしだし、うやうやしく来島の目的を陳べた。パラオ語がそのまま通ずるわけはなく、パラオでの民俗調査で知りあったサタワル出身の若者オジャレブルがガイド役を引きうけてくれたから、二人は厳格な島入りのビザを難なく取得することができ、一旦入島が認められるや、下へも置かぬ賓客として受け入れられた。

はるばる宗主国からやってきた客人には、一軒の家（イム）が空けられて用意され、第一酋長の一族の娘イニポウピーが賄い婦として住み込むという、優遇ぶりだ。

〈この島の日本人というのは私と、私と一緒に来たお弟子の大工さんとただ二人だけ。まだ言葉がわからないので面白いというところまでゆかないが、それでも島中でいちばんえらいのだからちょっと気持がいい。——私は満足している。粗末ではあるが女たちが一日かかって作った食べ物を、青空の下で、椰子の風の中で、つまらないことに笑い興じながら、食べる食事を。〉

来島二カ月後、友人にあてて書いた土方の手紙の一節、サタワル島には学校がない。毎年南洋庁の役人が来て、学齢に達した予供たちをヤップに強制的に連れて行く、それが果たして孤島の実状にふさわしいことなのかどうか。酋長の依嘱(いしょく)で土方は子どもたちに日本語を教え、先生と呼ばれるようになるころには、賄い婦イニポウピーを教師としてサタワル語を学び、三カ月後にはそれを身につけ、九個の母音と十五の子音からなるサタワル語表記法をつくりあげてしまう。土方には画才に加えて天性の音感がそなわっていて、それが語学の才に結びついていた。サタワル語を身につけてしまえば鬼に金棒、周囲六キロ、人口二百八十人のサタワル島は、彼が永いこと夢に描いてきた「南洋原始」の空間であった。

サタワルには「村」にあたることばはない。島の西海岸に南北に走る道があって、その両側に集落が細長く形づくられており、集落は南(ヨエール)と北(エファン)に二分され、そのまま部落名(アビナム)になっているだけである。

部落(アビナム)のなかに幾つかの区画(フスコ)があり、区画のなかにまた幾つかの家が建っているのだが、一区画は一氏族(ヤイナン)で構成されている。ミクロネシアの多くの島々がそうであるように、サタワル島の家族構成は純然たる女系だが、女系であることとおそろしいまでの男尊女卑が貫徹していることとは少しも矛盾しはしない。

サタワルに六法全書はない。神への威怖と恥があればこと足りる社会だ。とはいうものの周囲六キロ、人口二百八十の小宇宙を永続させるには、近親相姦は最大の敵だ。性にまつわり労働にまつわる禁忌の網が島の生活にはりめぐらされている。にもかかわらず、彼ら彼女らの性の営みは禁忌の網の目をくぐって放縦といってよいほどに融通無碍(ゆうずうむげ)だ。

「私は、民族学、人類学の論文などは書けない」と土方は思う。じっさい、「南洋原始」を目ざした土方があらかじめ読んだものといえば、松岡静雄の著作とフレーザーの金枝篇となにがしかの考古学の本ぐらいで、民族学、人類学の体系があらかじめそなわっていたわけではない。むしろ白紙に近い立場で嘘のない資料と向きあいつつ、「ただ少しでもお役に立てれば幸いである」と開き直った地点で、無垢なまなこでサタワルの島民たちと相対した。ぬきんでた語学の才に加えて、一本の丸太から彫像をつくりあげる柔かな想像力が、南海の孤島の島民たちの生活にたちまちなじませていく作用を果した。土方はじつに丹念に島の生活を日記に写す作業を始める。

酋長の娘とともに

酋長の娘イニポウピーは土方の語学教師をつとめただけではなく、島社会に溶けこむための儀典長の役割も果たした。

南海の孤島でありながら、いやそれゆえにというべきか、サタワルの島民は太陽と星と風と潮の流れを道しるべに、一隻のカヌーを操って遠くへだたる島々との交易を昔から行なっていた。先生もカヌーに乗ってみないかねと誘われて、無人島へ渡ったこともあった。

無理がたたって三カ月病床に伏したあと、達磨(だるま)のようなひげづらをきれいに剃りあげた日、土方は久しぶりに日記に自画像を描いて、片カナ日記に来し方をつぎのように振り返っている。

〈私ト云フ人間ハ何時デモ事件ヲ起スノデハナク、何時デモ人ノ事件ノ後片ヅケバカリサセラレタ。……兎モ角、私ハイイ時ニ日本ヲ逃ゲ出シタ。アンナ生活ヲアンナ気持デモウ三年モ五年モ続ケテ居タラ、私ハ本物ノ狂気ニナッタカ、サモナケレバ今頃ハ自殺シテ居タカモ知レナイ。……今振返ッテ思ッテモ、私ハ自分ノ忍耐強カッタコトニ殆ド呆レル。併シソンナ忍耐ダッテ、イツカハ破裂スルニキマッテ居ル。私ハ全クヨイ時ニ日本カラ逃ゲ出シタノダ。而テ私ハ今ハ譬(たと)ヘソレガ空虚ニ似ヨウトモ、今コソハ安楽ニシテ居ル。少クトモ私ノ意志――否、意志ナドトカギルマイ。ドンナニ望ナイ色アセタモノニシロ、私自身ニ立カヘリウル生活ヲシテ、悔ヒガナイ。〉

一見ボヘミアンともみえる一人の彫刻家の南へ向かったその内面には、自己回復への強い意志が働いていたことが、その日記からうかがい知ることができる。

島民の手斧(カイバックル)を自ら改良し、イニポウピー一人を伴なって森の中に住みついて木彫に熱中した土方がいる。

〈爐(ろ)ノソバノkillノ上ニ構(かま)ヘコンデ、ガチンガチンガチント彫刻ヲハジメルノダ。ガチンガチント云フ彫刻ハメヅラシイカモ知レナイガ、私ノ彫刻ハソウ云ウ彫刻ナノデ――殊ニ私ハパラオ以来慣レテイル手斧（パラオHebakklサテワヌsile）デハツルノデ、私ノ彫刻ハ誠ニガチンガチンナノデアル。〉

南の島に時計はない。悠久がそこに居坐っているように思えることがある。通りすぎていくのは空に浮かぶ雲だけだが、いつしか土方の日記は七冊にもなっていたのだ。

一九三八年十二月、杉浦佐助とともに年四回の連絡船マイ丸で、土方久功は七年ぶりにサタワルをあとにして、パラオへと戻ってくる。

十年ぶりの帰国

サタワルの七年は、まこと浦島に似て、土方の知らぬところで、日本には急激な変化が起こっている。まず「満州事変」が始まり、上海事変をへて日本は国際的な孤立のなかにおかれた結果、国際連盟を脱退した。それは必然的に「南洋」の政治的位置に深くかかわることであった。ある人びとはそれを喜びさえした。委任統治から晴れて完全な日本領土化への途が示されたからだ。土方のあずかり知らぬところで「満州事変」は「日中戦争」へと、大陸に戦線を拡大していた。パラオには島民をはるかに上回る日本人が往来を闊歩し、陸海軍人の姿がふえているのが異様なほどだった。

南洋庁物産陳列所嘱託の地位を得た土方が、積極的に「土人土俗」の民芸品の蒐集にはげんだのは、今やっておかなければ、早晩ミクロネシアの民俗は滅亡してしまうにちがいないという危機感からであったし、急に一時帰国を思い立ったのも、「南洋」の急速な変質を見通したからにちがいない。弟子杉浦佐助の木彫展をぜひ東京で開いてやらなければならなかった。

一九三九年六月、銀座三昧堂ギャラリーでの杉浦佐助の個展は、巷の注目を集め、高村光太郎はこう激賞した。

〈南洋の土地からでなければ、とても生れない原礦人の審美と幻想とに満ちた恐るべき芸術

的巨弾である。此の原礦の持つ力はわれわれの頭を打つ。〉

土方は弟子杉浦の個展開催に奔走しながら、自分の個展を開こうとはしない。それに代って、「土方久功氏蒐集南洋土俗品展」が南洋群島文化協会東京出張事務所で開かれている。在島十年、放置しておけば早晩消滅してしまうにちがいないミクロネシアの島民たちの伝統文化を、彼は丹念に蒐(あつ)めた。物そのものをつきつけることで、宗主国の無理解を撃たねばならないという情熱をうかがうことができる。長谷部言人、八幡一郎、金田一京助といったその道の専門家たちがこれを観て、心うたれたのを契機に、土方の蒐集品はそのまま東大の人類学教室に寄贈されることになった。

もう一つの出会い

わずか四カ月の一時帰京は、「南洋」にこの人ありと、土方久功の名を広めることとなったのか、パラオにもどった土方は日記に、「毎夜、毎夜、〝クラブ〟ノヤウニ入レカハリ立チカハリ人ガ来テ、本モ読メナイ。コンナ風デハ図書館ニデモ逃ゲ出サナクテハ」と書きつけねばならぬほど、本土からの訪問者に悩まされることになる。朝鮮半島に「創氏改名」が強制されたのは、この日記が書かれたと同じ一九三九年の十二月のことだ。「南洋」にも同化政策の波が押しよせてきていた。

そのころ土方は「日暮し」という詩を書いている。

久シブリ二三日モ降リ続イタ雨ガ
消エ入ルヨウニ止ンデ行ッタ
マダ雲モドカナイ夕ベガ
濡レテ、濡レテ静カダヨ
ぱぱいやノ下葉ガ、ばななノ広葉ガ
濡レテ、濡レテ垂レサガッタヨ
くかうノ葉ニ銀ノ滴が光ッテ
風ノナイユウベヲ動カウトモシナイ
ダノニ早クモ鳴キ出シタ虫達
静カダヨ、寂シイヨ
灰色ノ空ニ高イ
裸ノかぽっくハ悲シイヨ
何処カデ土人ノ娘達ガ歌ッテヰル
蝙蝠ガバカニ低ク飛ブコト
仏桑華（あらまるる）ノ赤イ花ガイヤニ黒ズンデルコト
ユウベガ青ク青ク暮レテ行クヨ
コノママ暮レルニシテハ

アンマリヒソヒソト
アンマリヒソヒソト
ア、、マナジリニ溜ッテ落チナイ
涙ノヨウニ静カナ日暮レダヨ

そんな孤独のなかで、心を開いて語れる訪問者もわずかにいた。恋に傷ついた翼を休めるかのように、しかしカナカの娘たち同様、何ら臆することなく腰蓑をつけて砂浜で踊ることを辞さない女画家の卵は、のちの丸木俊子の若き日の姿だ。俊子の去ったのと入れ違いにパラオに現われ、たちまち土方に親炙（しんしゃ）し、毎夜のように彼の許を訪れ、ついには土方の日記を読むことさえ許されて、そこからつぎつぎに材を取って名作に仕立てたのは、夭折（ようせつ）の作家・中島敦であった。

ただ少しでもお役に立てれば……

南洋庁物産陳列所嘱託となった土方が、三カ月の休暇をとって十年ぶりに東京に帰ったその年、モンゴールで起った事件が日本の針路を百八十度変えようとしていたことを、この〝今浦島〟が察知できなかったとしても無理はない。泣く子もだまるとひそかに恐れられていた関東軍が、ソ連戦車隊の精鋭のまえに完膚なきまでに撃ちのめされたノモンハン事件の実相は、国民の前にひたかくしにされていたのだから。そのとき、軍の上層部には北進論にかえて、〝南進論〟が急速に力をうる結果となっていたのだった。

じっさい、弟子の大工杉浦佐助の個展と〝土方久功氏蒐集南洋土俗品展〟が成功裡に終るや、土方は早々にふたたびパラオに戻っていくのだが、コロールにはいままでにないような、とげとげしい空気が広がっていた。南洋特有の赤土（アケズ）の禿山のあちこちが崩されたところには、木造兵舎が建ちかけており、椰子の切り倒された浜辺には、護岸工事がはじまっていた。モッコに赤土を盛って運ぶ労務者たちのことばは聞き馴れぬ朝鮮語だった。

旅装をとくいとまも惜しいかのように、その年の秋、土方はソンソル島、メリール島、トコベイ島、ヘレン島、メリエル島と、時を逃がせば渡ることのできなくなる離島を廻って、民俗調査の旅に出ている。東京で開いた〝土方久功氏蒐集土俗品展〟の成功が自信となって、本格的な南洋研究の意欲をかきたてたのにちがいないが、その敏感なアンテナには迫りくる戦争の気配が感じとられていたからでもあったろう。

大本営政府連絡会議が武力行使をふくむ南進政策を決定するのは、一九四〇年七月のことだが、その年の末にはパラオの軍港化は決定的な段階を迎え、土方の研究室ともいうべき南洋庁図書館や彼の談話室ともいうべき南洋興発倶楽部が海軍のために接収されることにもなっていく。

内地からはさまざまな人間が南洋を目ざしてやってくる。幸か不幸かコロールには奇人土方久功ありと知れわたっていたから、そういう人たちとの応接にいとまないなかで、彼は煩をいとわず案内にも立ったりしたが、あけて一九四一年一月には、トラック諸島、モートロック、クサイ、ヤルート、サイパン、ロタなど未知の島々に向けて三カ月余にわたる調査旅行を行い、一生かけても整理しきれぬほどのフィールドノートが蓄積されていく一方、『南洋群島誌』をはじめ『人類学雑誌』『民族学研究』などという専門誌に二十に近い報告を精力的に発表している。この時期をおいてないというある危機感が彼をかりたてたのではなかったろうか。それらの幾つかを拾ってみると、

「過去に於けるパラオ人の宗教と信仰」
「ヤップ島離島サテワヌ島の神と神事」
「パラオ島民の部落組織」
「パラオの神話伝説」
「群島代用食是々非々」
「南洋の女」
「バリー島の土人の木彫」
「アカラップ島釣り説話」

などなど。それらはやがてまもなく、南洋記録集『パラオの神話伝説』、サタワル島生活記録『流木』といったユニークな本に結晶することとなる。だが、この〝南洋の博士〟は『流木』の序文に「私は、民族学、人類学の論文などは書けない」けれども、これらの資料を提供することで、「ただ少しでもお役に立てれば幸いである」と書くことを忘れはしなかった。

中島敦の船出

中島敦という無名の、しかし無類の感性をもつ若い文学者が土方久功のまえに現れたのは一九四一年の夏、真珠湾奇襲・日米開戦の始まる数カ月前のことだ。「任南洋庁編修書記　給三級俸」という辞令は、植民地用の国語教科書を作る準備、調査というものであった。

そのこと自身を、いま歴史の時間のなかにおいて眺めれば、日米開戦とともに最も危険な海域となる南洋に、こともあろうにそんな時をえらんで飛びこんで行った若い文学者の、時局への認識が疑われるといえるかもしれない。たしかにパラオ群島コロールに行くまで、中島にはさし迫った時局認識はなかった、けれども、彼にはもっと別のさし迫った事情が重なっていたことは事実だ。

一高、東大を通じて中島を知る仲間たちは、その文才を嘱望していた。横浜高等女学校で教鞭をとりながら書いた小説「虎狩」が、『中央公論』の懸賞で選外佳作になったのは、教壇に立って二年目の一九三四年のことだ。このとき入選した丹羽文雄「贅肉」、島木健作「盲目」に比べても、「虎狩」は遜色はなかったが、選外佳作によって中島の文壇へのデビューは果されずに終った。「狼疾記」、「カメレオン記」といった優れた習作ができたけれども、発表の機会もないまま筐底（きょうてい）にとどめられた。家庭の不幸や桎梏（しっこく）もあったが、宿痾（しゅくあ）の喘息が昂じて教壇に立つこともままならなくなってきた。そんなとき、中島敦は宿痾と闘いながらサモアに向かうイギリスの作家Ｒ・Ｌ・スティーブンソンを主人公にした長篇『光と風と夢』を書きあげるのだが、新人の長篇小説はすぐには活字にはなり難い。

一九四一年三月、中島敦は八年勤めた横浜高女を「復帰猶予一年」の条件で休職となり、停年となって久しい老父の中島田人が伜に代って教壇に立つことになる。転地療養と文学に専念することを真剣に考えなければならなくなっていた中島敦に、南洋庁編修書記の声がかかってきたのは、そんなときだったのである。植民地における俸給は、内地の数倍だ。しかも、常夏のパラオに行けば、死の苦しみにも似た喘息が癒るかもしれない。まるで小説「光と風と夢」の主人公スティーブンソンを地で行くように、エフェドリンを鞄にたっぷりとつめて、彼は一九四一年六月二十八日、サイパン丸で横浜港を発ったのだった。桟橋では、多くの教え子たちにかこまれて、老父と妻と二人の幼い子どもがいつまでも手を振った。中島敦に、時局の切迫など考えている余裕はなかったのだ。

パラオ砂漠の中のオアシス

九日間の船旅のすえに着いたパラオ群島コロール島は、中島敦にとっては「光と風と夢」の島というわけにはいかなかった。

日曜日だというのに南洋庁地方課の職員が四人出迎えてくれたまではよかったが、こぬか雨の降る中を案内された宿舎は、南進寮という独身寮の一室で、六畳間に一間の押し入れと半間の床の間に日本箪笥がひとつおいてあるだけで布団もない。部屋の向いにトイレがあって、ドアをあけると、便所のにおいが流れてくる。忘れていた喘息の発作がとたんにはじまった。パラオ滞在中、終始発作に悩まされることになったのは、着いたこの日の南進寮の寒ざむとした心象が引金になったのではないだろうか。

翌日、役所へ出たが、上司であるはずの地方課長は転出したまま、後任はまだ決まっていないこともあって、給仕のつぐお茶を飲んで一日中岩波文庫を読んですごした。課内にわだかまるよそよそしい空気は、新参の若造の月給が課長についで高いことにあったというのは、ずっとあとになってわかったが、喘息発作で欠勤が重なるにつれて、課内のよそよそしさはいやましてゆく。

着任して二十日にもならぬうちに、アミーバ赤痢にかかった中島は、一週間高熱と激しい下痢に悩まされ、げっそり痩せたところでデング熱という三重苦に襲われる。パラオは「光と風と夢」の島どころか、恐ろしい砂漠のようなおぞましい島というべきであった。そこにただひとつのオアシスがあった。それが土方久功という変ったおじさんの住まいだったのである。

土方と中島の出会いがいつだったのか。二人ともそれは書き残してはいないが、類は友を呼ぶのたとえに似て、彼らのあいだにはあるテレパシィが働いたのだろう。思うに、何の伝手(つて)もないまま殺ばつとした南洋庁の地方課に迷いこんできたような病身の若い文学者の苦境を見かねて、老練の〝南洋学者〟が手をさしのべたのではないだろうか。デング熱からようやく立ち直った中島敦は、九月十日から日記をつけ始めているのだが、その冒頭に「土方氏」が登場するのだ。

〈九月十日（水）　コロール

午後、土方氏、渡辺氏、久保田氏等とアルミズ島民部落を訪う。部落に入るや、往昔の石畳路の掘起されて軍用道路となるを見る、島民又転居する者多きが如く、土方氏、頻りに嘆く。昔の舟着場に至り少憩、又、部落に戻る。……〉

この日のアルミズ部落訪問は、南洋諸島への初の長期出張旅行を数日後に控えた中島敦に、原地住民への接し方を手ほどきする学習を、老練の土方がさずけるために企ててあげたハイキングのごとき趣きがある。途中でカナカの一婦人とすれちがうや、土方が「オヤイさんじゃないか。久しぶりだねえ。直ぐわかったよ。あんたもおばあさんになったねえ」と親しく声をかけたと、中島は書いている。むろん、二人の会話はカナカのことばで交わされたはずだが、中島はそれを羨望のまなざしで記している。現住民の国語教科書を編集するふれこみでやってきた中島敦にとって、それは途方もない困難な仕事といまさらのごとく思い知らされたような場面だったのではないだろうか。彼はそれから五日後、二カ月近い出張に旅立っていくのだが、出張旅行は「実にいやでいやでいやで堪らぬ官吏生活のうちで唯一の息抜き」ともなり、南洋航路の豪華船パラオ丸の一等船客となるや、不思議なことに宿痾の喘息発作がウソのようになくなっていくのだった。

こうなれば、旅にしかずだ。十一月五日に砂漠のようなパラオにもどった彼は、また二日後三十七日間の島巡りの旅に出かけるのだが、十二月八日、サイパンで日米開戦の報を聞き、急遽予定を短縮し、敵潜航艇の攻撃を気にしながら、十二月十四日かろうじてパラオに帰りつくことになる。

〈十二月十四日（日）

十二時投錨。一時下船、役所へ行く。喘息面白からず。夜、土方氏の家に行きコーヒーの馳走に預かる。パラオは案外静かなり。未だ敵機の影を見ずという。〉

パラオに帰り着くなり、役所に行って報告したとたん、喘息発作が再燃したにもかかわらず、なにはともあれ土方のもとに急行せねばならぬほど、中島は不安のなかに放りこまれていたことがわかる。

禿鷹のような貪欲な眼で……

そして、中島の日記にはこの日以来、毎日毎日、激しい喘息発作に見まわれる記述と、発作が収まると、必ず土方の家に日参するさまが交互に登場し、二人の交情が日増しに深まっていったことがわかる。たとえば、

〈十二月十九日（金）

二日来の喘息、愈々(いよいよ)面白からず、夜、土方氏方に到り、南方離島記の草稿を読む、面白し。〉

とあり、つぎのような抜き書きもメモされている。

「プール島（人口二十に足らず）に、パラオより流刑に会いし無頼の少年あり、奸譎、倣岸、プール島民を頤使す、己に半ばパラオ語を忘る。この少年の名をナポレオンというと」

「無人島ヘレン礁に海鳥群れ集えること、島に上れば、たちどころに数十羽を手掴みにすべしと。卵も又、とり放題。捕りし鳥共の毛をむしり、直ちにに焼きて食するなり」

どうやら、中島敦はいつしか、南洋滞在十三年のあいだ土方久功の書きためたフィールド・ノートを読むことを許され、むさぼるように読み始めていることが見てとれる。そこに記された怪譚奇談が、無類の鋭い感性をもつ若き文学者の創作欲をかきたてていったさまが描かれている。その年の年末から翌年の正月にかけて、中島は膨大な土方の記録を、まるで禿鷹のような貪欲な眼で読み漁っていったのだった。

パラオの冬に

一九四二年元旦の日記に中島敦は、前日の大晦日の夜、土方の家で聞いた珍談奇譚の一端を忙しくメモ書きにして残している。

〈昨夜の土方氏の蛸とりの話頗る面白し。リーフの穴に潜める蛸をピスカンにて突くに突かれながら、蛸が足を長く伸ばして、突手の手に吸いつく話。大蛸に胸をだかれて噛みつかれ、その頭をつかんで離さんと格闘する話。月夜に蛸が上陸し、椰子の木に登りて椰子蜜を飲む話。剽悍なる巨口の大魚タマカイの話。魚の巣なる岩穴にピスカンを突込みし瞬間、ブルブルッと電気に触るる如き手応えありし時の感じ。魚大きく穴小さくして、引出し難き時、石もて、リーフの岩を砕く話。波荒き時、作業困難なる時、ピスカンを穴中の獲物につき立てたる侭(まま)、水面に浮かび出て息をつく話。小さき蛸なれば、捕えて直ちにその口にかみつきて殺すも、噛まんとする時、忽(たちま)ち墨を吹かるることありと。〉

原住民のための教科書教材として、中島がこの蛸の話を書きとめたのか。いやむしろ、いつか自分の作品にとりこむ素材として夢中になっているような趣きがある。パラオに来て五カ月、すでにこの頃、中島敦は原地民のための教科書編纂という空しい仕事に見切りをつけていたといってよいからだ。十一月六日付の妻たか子宛の手紙にこう書いている。

〈土人の教科書編纂という仕事の、無意味さがはっきり判って来た。土人を幸福にしてやるためには、もっともっと大事なことが沢山ある。教科書なんか末の末の実に小さなことだ。所で、その土人達を幸福にしてやるということは、今の時勢では、出来ないことなのだ。〉

一月になっても喘息(ぜんそく)は一向によくなる気配はない。一月九日には妻に宛てて、こんなことも書いている。

〈喘息と戦いながら、こんな所で頑張るのでは、身体がもつか、どうか怪しいから、なるべく東京出張所勤務にして貰って、上野の図書館へ通うようにして貰おうと思っている。〉

そして、残された二カ月間、中島は喘息に苦しめられながらも、貪欲に南洋の島々を廻り尽そうとした。一月十七日朝書いた妻への手紙。

〈今から出張旅行に出る。今度は土方さんと一緒だから楽しい。大体二週間の予定で、日本

に帰って来る積り。久しぶりのリュックサックが大分肩にこたえる。〉

土方久功遺稿のなかに、「敦ちゃんとの旅」というパラオ本島一周の長い日記が残されており、そこにはこのときの二人の足跡が詳細に記録されているが、旅の終りに土方がこんな詩を書きつけている。

若いくせに喘息もちの敦ちゃんと
背中にロイマチスを背負ってゐる余との
幸運にも過ごして来た十日の旅の
ここ二、三日で終る昨日今日
人里はなれたこの造林地の小屋に
雨風に吹き降られて、
南洋の寒さにたへて
南洋にも寒さはあるもの
薄い毛布にくるまって
朝から晩まで　古新聞を
ひっくりかへし　ひっくり返し
いぶせき日を
いぶせき思ひに　ふるへ暮しつ

土方久功にとってこのときのパラオ一周は南洋見おさめの旅ともいえた。十三年前に初めて廻ったときと違って、島は時局の波に洗われて荒さんでいた。荒廃の諸相を写したあとに、土方はこうつけ加えている。

〈島民の生活も昔のやうなものではなくなっているのだから。と同時に、もうパラオも南洋もおしまひだといふ気がする。そして私も敦ちゃんも、もうこれでパラオを引上げる気になってゐるところである。〉

二週間ぶりにコロールにもどってきて、二人はコーヒーが飲みたくて南貿の倶楽部の二階にあがると、そこには「兵隊さんが満員だった」。

もはや住むべき島もなく

二月に入ってさらにペリリュウ島、アンガウル島をへめぐった中島敦に東京出張の許可が出て、土方久功とともに二人が横浜にもどってくるのは、一九四二年三月十七日のことだ。光と風に引き寄せられて南の島に渡った二人の自由人にとって、もはや住むべき島はなくなっていたのである。二人はともに時局の敗北者でもあった。しかも、若い中島敦には、わずかに九カ月の余生しか残されていないことを、彼自身自覚してでもいたかのように、この九カ月、敗北のおとし前を手にすることに全力を傾注したことが、その年譜から読みとれる。

東京の春浅い三月の冷い風は、持病の喘息の敵だった。近くの病院にかつぎこまれた中島は、パラオに渡る前に深田久弥に託しておいた小説「山月記」「文字禍」が雑誌『文学界』二月号に掲載されていたことを、病床で知り、ついで五月号に「光と風と夢」の掲載が決まったと知り、病床で旧稿に手を入れた。「光と風と夢」がまもなく芥川賞候補になったことも中島を力づけたにちがいないが、「悟浄出世」「弟子」「李陵」「名人伝」など腹案にあった中国ものをつぎつぎに脱稿していった様(さま)には、修羅の相貌がにじみ出ている。

『光と風と夢』の印税で妻子を久しぶりに郷里に送ったあと、中島は多数の草稿とノートを焼却し、ついで南洋庁への辞表を提出し、「幸福」「夫婦」「鶏」を次々に書きあげた。いずれも、パラオで土方久功の日記などからかすめとっておいた素材によるものだ、中島に残された生の猶予期間はわずか三カ月、秒読みの始まったともいうべきその短い間に、中島敦の新生面を開いた『南島譚』の世界が実現したのだといってよい。

「マリヤン」という掌篇を通して、パラオにおける土方と中島の最後の姿を見ておこう。一九四一年十二月の中島の日記。

〈夕方、土方氏宅にて島民料理を喰う。熱帯生物(研究所)、放送局の人達。タピオカのふかしたもの、クカオ芋、タピオカのちまき、タピオカの甘き玉、鶏の蒸したるもの、皮ごと。魚の燻製等。人々手づかみにてムシャムシャ喰い合成酒を飲む。島民の唄(日本語と土語の交れるもの)を皆で唱う。今日の料理はマリヤの馳走なり。〉

パラオの人たちの発音は鼻にかかるので、マリヤがマリヤンになるという説明から小説「マリヤン」は始まる。主人公のモデルが中島の日記に出てくるマリヤであることは明らかで、この小説は土俗学者H氏とマリヤンと私の何気ない交友を筆の向くままに描いたものだが、状景の描写といいマリヤンの造型といい、中島の陥りがちな筆圧の強さがすっかりかげをひそめた代りに、不思議な陰影が自然ににじみ出たような作品になっている。

〈私が初めてマリヤンを見たのは、土俗学者H氏の部屋に於てであった。夜、狭い独身官舎の一室で、畳の代りにうすべりを敷いた上に坐ってH氏と話をしていると、窓の外で急にピーと口笛の音が聞え、窓を細目にあけた隙間から（H氏は南洋に十余年住んでいる中に、すっかり暑さを感じなくなって了い、朝晩は寒くて窓をしめずにはいられないのである。）若い女の声が「はいってもいい？」と聞いた。オヤ、この土俗学者先生、中々油断がならないな、と驚いている中に、扉をあけてはいって来たのが、内地人ではなく、堂々たる体躯の島民女だったので、もう一度私は驚いた。「僕のパラオ語の先生」とH氏は私に紹介した。〉

それから早速マリヤンとH氏は「私」にかまわず文字のないパラオの古譚詩を邦訳する作業を始める様子が描かれてゆく。中島とマリアの交わりはあくまでも土方を介するもので、そのさりげない日常の交わりが「マリヤン」には淡彩で描かれていくなかに、十二月二十一日の日記の料理の場面なども、ほぼそのまま使われており、十二月三十一日大晦日の日記も「マリヤン」に登場する。

〈十二月三十一日夜　土方氏方に至り、阿刀田氏高松氏等と飲み喰い語る。十一時、外に出て一同マリヤを誘出し、月明に乗じコロール波止場に散歩す、プール際にて小憩。帰途初詣

の人に会うこと多し、疲れて帰る。〉

日記はごくあっさりと記されているだけだが、寡婦のマリヤンをさかなに男どもは、早くお婿さんを探せ、島民で物足らぬなら日本人の男を探せなどと、ひやかし半分に言うところがあって、マリヤンが、

「でもねえ、内地の男の人はねえ」

と口ごもる場面が印象的だ。そして年があらたまってまもなく、「偶然にもH氏と私とが揃って一時内地へ出掛けることになった」と小説の場面は変り、マリヤンは鶏料理で歓送の宴を設けてくれる。

〈正月以来絶えて口にしなかった肉の味に舌鼓を打ちながら、H氏と私とが「いずれ又秋頃迄には帰って来るよ」と言うと、マリヤンが笑いながら言うのである。

「おじさんはそりゃ半分以上島民なんだから、又戻ってくるでしょうけれど、トンちゃんはねえ」

「あてにならないというのかい?」と言えば、「内地の人といくら友達になっても、一ぺん内地へ帰ったら二度と戻って来た人は無いんだものねえ」と珍しくしみじみと言った。〉

じっさい、現実の二人、土方も中島も永遠にパラオにもどっていくことのないのを、マリヤンは第六感で感じとったとでもいうようなフィナーレの場面で、「マリヤン」は終っている。

中島敦は喘息の悪化のため、この年の十二月四日入院先の岡田病院で死去した。パラオに帰る意思はほとんどなかったといってよいが、たとえあったとしても、中島敦にとってそれは不可

能なことを、彼は知っていたにちがいない。病床で書いた最後の作品は「章魚木の下で」というエッセーだが、そこに死の蔭を思わせるような暗さはない。

もう一つの言葉を

パラオにおける土方久功と中島敦の関係は、明治四十一年における佐々木喜善と柳田国男の関係に似ていはしないか。遠野地方に残る百十九の伝承を佐々木喜善が語って、柳田国男が『遠野物語』にそれを記録して永遠性を吹きこんだ。足かけ十四年にわたる南洋での土方久功の放浪は、中島敦という非凡の書き手によって、『南島譚』その他の作品として同じような永遠性を付与された。

けれども、死の二十日前に上梓された『南島譚』を、中島は親しい知人に配ったというのに、土方久功に献呈しないまま、逝って行ったのはどうしてだろう。中島敦は百メートルを全力疾走して心臓の破れた短距離走者に似ている。中島が喘息持ちならば、土方もリュウマチ持ちで強靱な肉体を持っていたわけではないが、中島とちがって土方は人生のマラソンランナーであった。あるいは中島敦は土方のそのような強靱性がまぶしく感じられて、『南島譚』を献呈しそこねたまま死んでしまったのではないだろうか。

土方久功は東京に戻ってくると、マリヤンが見通したように、若い女医さんと全く突然結婚し、生きにくい戦争も何とかくぐりぬけ、戦後もリュウマチに悩まされ続けつつも一九七七年まで生きのびたけれども、二度と南洋の土を踏むことはなかった。とはいうものの、土方久功の戦後の三十余年は、民俗学と彫刻と詩において、南洋をどう内在化して表わすかに捧げられたという点で、マリヤンを裏切ったことには決してならなかったといってよいだろう。戦後、南の海が核実験の場になったことを知って、土方はこううたっている。
ああ　海の思いは　私をどこに連れて来たのか
青い海は黒い海になってしまったようだ……
ああ　人間は何故　たった一つの言葉をしか発展させなかったのだろうか
私には何かもう一つの言葉が必要のように思う
私たちが花や鳥たちに向いあっている時に……
今では黙っていることが　一番わかり合えるような
言わば心の奥の奥を語り合う場合に
適確に用いられるような
もう一つの言葉が欲しいと思う（それこそは
戦争とか殺戮　征服などという　残虐とは正反対な
心と心とで触れ合うような世界を導く言葉）
原子学が　人間が発見した第二の火であるならば
今こそ　その第二の火を正しく生かす為に

もう一つの言葉を発明しなければならない時が来ているのではないか……

（詩集『青蜥蜴の夢』「黒い海」抄）

泥池に咲く蓮　浅川巧

浅川巧

三分一湧水（ゆうすい）のほとりで

この夏、わたしは八ヶ岳山麓に暑さを避けながら、仕事をしていた。七月の末あたりからクマ蝉が鳴き始め、蝉時雨（せみしぐれ）におおわれるなかで、ついに雷雨が一度もやってこなかった。壁に貼った地図を眺めながら、八ヶ岳に降った雪や雨の行方を考えたりした。

東側に降り分けられた水は、幾筋もの水脈になって千曲川に注ぐのに比べて、西側は概して川筋が乏しく、鳴岩川、上川といったあまり知られていない二つの川に集まった水が諏訪湖に貯められるのが、地図の上からわかる。八ヶ岳の南麓はどうかと見れば、西麓よりもさらにきびしく、地図上に川筋は皆無だ。主峰の赤岳や権現岳に降った雪や雨は、いったいどこに消えてしまうのか。

地図にルーペをあてて南麓に目をやると、小海線甲斐大泉、小泉のあたりに無数の湧水があることがわかる。「三分一（さんぶいち）湧水」とは風変りな名だ。しかも地図には「日本百名水」の一つと記されているではないか。わたしはその風変りな名に誘われて出かけた。

三分一湧水は、甲斐小泉の駅から歩いて数分のところにあった。赤岳の長い裳裾（もすそ）のきれるあたり、赤松林と櫟林（くぬぎ）に抱かれたような窪地に湧きでる水は、水晶のように透き徹り、手を入れると肌をさすような冷たさが伝わってくる。冬、赤岳をおおった雪は雪解けとともに地下に浸み、伏流水となってこのあたりで地表にでてくるのに相違ない。地底に汲上げポンプが埋設されているかのごとく、池の底がたえず盛り上がって水は湧いている。日量八千㎥を超える湧水は、石組みの水路を通って、同じ石の桝形に流れこんでいる。桝形には前、右、左と三方に同じ寸法の堰が切られており、その三つの出口から同量の水が奔流となって三方に流れだす仕組になっている。

案内に曰く、古来水争いの絶えなかった下流の三村に三分の一ずつ平等に水が補給されるよう、武田信玄が考案したのがこの「三分一湧水」だとあったが、伝承は遽かに信じられぬにしても、ローマの水道にも似た幾何学的な石組みが数百年にわたって八ヶ岳の山中に息づいてきた事実に、わたしはおどろくとともに心洗われるような気持になった。しかもかねてから気にかかっていたひとりの人物、浅川巧の生地がこの湧水にほど近いことに気づいたときには、それが少しも偶然ではないように感じられた。美しい魂はこのような清冽な水によってこそ育まれたにちがいないと思われたからである。

祖父の背をみて

浅川巧は一八九一（明治二十四）年一月十五日、山梨県北巨摩郡甲村字五丁田（現高根町）に生まれた。生家は藩制期に郡総代を勤めたこともある比較的富裕な農家で、紺屋も兼ねていたが、次男巧が生まれる半年前に父が急死したから、彼は祖父母の庇護のもと、寡婦となった母けいの手で育てられた。

父を知らないこの嬰児は長じてから姉に、「もし父さんの顔が見られたら眼が一つつぶれてもいいがなあ」と述懐したことがあったという。幼児の寂寥感を填(う)めあわせたのみならず、人格形成に大きな力を及ぼしたのは、「四友」という俳号を持つ祖父の存在だった。甲村字五丁田の鎮守の森に祖父四友の句碑が残っている。

　不断聞くこえははなれて初烏

『白氏文集』、『七部集』、『唐詩選』などをつねに手離さぬこの老人のもとには、句仲間がよく訪れて泊っていったし、ある時期、職人を入れて窯(かま)をつくり陶芸を企てたりしたこともあったというから、変哲もない農村にあって四友は一頭地を抜きんでる存在だったといえるだろう。

その祖父は巧が十歳を迎えた誕生日の翌日、卒然として世を去った。巧とへだたること七歳上の兄伯教(のりたか)は、祖父をこう追憶している。

〈理屈を抜きにして泣き事を言わず、楽に働いて環境に興味を感じ、その内に人のなさけや詩を見出し、所謂俳人かと云うとそうでも無く、百姓かと云うとそうでもない。学者でもなく、仕事の中に俳句を見出し、俳句に仕事を見出し、村に事件が起ると、頼まれて行っては何とか片つけて来る、結婚の事から、夫婦喧嘩の仲裁、若い男女のかけおちの後しまつ迄持って来る。仕事に貴賎のあることを知らず、何でも働いて暇があれば読書する。褥(しとね)について眠る迄は其日(その)の出来事を俳句にまとめる。連歌を詩の対話と心得、心得のある人に遇えば直ぐ始める。祖父は結局自然に対してのブルジュアーであった。〉

三人兄弟のなかで、祖父四友の人となりを、巧が最も強く受けついだといってよいかもしれない。後年、巧は義弟にあててこう書き送っている。

〈世界は出来るだけ広くしてゆっくり住むに限る。牧師にもなりたくない。画家にも小説家にも詩人にも百姓にも商人にも大工にも遊人にもなりたくない。然し、随時説教もする、描きたい時には画も描く、逆上して来たら詩人の真似もする、食へなくなったら商人にもなる、百姓もしたり、大工桶屋の仕事もやって見たい。〉

どことなく同世代の宮沢賢治に似たところのあるこの信条は、しかし祖父四友の後姿から受けついだものといった方が適切だ。

生前唯一の著書『朝鮮の膳』に、浅川巧は祖父四友に、こんなオマージュを捧げている。

〈敬愛する祖父よ、

生れし時すでに、父の亡かりし私は、あなたの慈愛と感化とを多分に受けしことを思ふ。

清貧に安んじ、働くことを悦び、郷党を導くに温情を以てし、村事に当って公平無私なりしその生涯は、追慕するだに嬉し。

今年の夏、村人挙(こぞ)って鎮守の森にその頌徳碑を建てしと聞けど、郷里を遥か離れてすでに二十年、墓参すら意の如くならざる身のせんすべもなく此(この)貧しき書を供物に代(か)ふ。〉

兄伯教の足跡

一家の支柱ともなってきた祖父四友の死が、浅川一家にもたらした衝撃は大きく、のちに彼らが朝鮮に渡っていく遠因になったといってもよいだろう。

農事の傍ら紺屋の仕事をつづけることは、女手ひとつで至難なことは容易に想像できる。生来蒲柳(ほりゅう)の質だった兄伯教は学資のかからぬ師範学校に進んで教員となり、高等小学校を卒えた弟の巧を山梨県立農林学校にあげて、ともに自炊生活を営んだ。弟が年のへだたる兄を心から敬い、兄が年のへだたる弟を心から慈(いつく)しむさまはよそ目にも麗(うるわ)しく、その関係は終生のものとなった。

甲府にはメソジストの教会があって、兄弟はともにその会員となって、仲間から親しまれたが、明治の終りに地方都市で教会に足を向けるということには、文化的渇望に加えて精神的な革新をねがう気持の強かったことが示されていたといっていいだろう。教員にはなったものの美術への志向を強く抱いていた兄の伯教には、旧弊な教育界の現状への飽きたらなさがあって、何であれ、ふとしたことが転生の機になりうるような状態におかれていたのかもしれない。

教会仲間に素封家の出の小宮山清三という若者がいた。小宮山の兄は朝鮮で農場を経営しており、手伝いに行った折に蒐(あつ)めてきた朝鮮陶磁器を小宮山から見せられた伯教は、その美しさに魅せられて朝鮮に渡ってみたいと心を動かされた。折しも日韓併合で、政府は多大の外地手当てをつけて若い教員を募っている。浅川伯教には師範学校出身者に課せられた十年の義務年限がまだ残っていることを考慮に入れれば、朝鮮に渡って数年は教壇に立たなければならない。

美に仕えようとする若者は、それ以上に厄介なことは考えたくはなかった。すでに、妹は嫁ぎ、弟は農林学校を卒え、秋田県の大館営林局の管内に職を得て兄の膝許から去っていった。

長男の役目を果し終えた身軽さが、決断につながったのかもしれない。

一九一三（大正二）年五月、浅川伯教は朝鮮に渡った。日韓併合からまだ三年もたっておらず、西欧列強の最後尾から植民帝国の列に加わったことも手伝って、露な武断政策が施かれており、教師もまた軍服に似たユニフォームに身を固め、サーベルをさげて出校するという風景を、伯教は果して予想できただろうか。

京城府南大門公立尋常小学校についで、翌年には新設の西大門公立尋常高等小学校に転じ、教員養成所の実習指導なども受けもつようにはなったが、伯教が憧れの陶磁器に偏愛を示すようになっていくのは、植民地の教育風景になじめなかったからにちがいない。李朝白磁との出会いを、のちに伯教はこう書いている。

〈その頃の私は寂しすぎた。一つ佳いものを欲しいと思ったが、価が高くて手が届かなかった。或夜京城の道具屋の前を通ると、何だかごたごたした朝鮮の道具の中に白い壷がぽかっと電灯の下にあった。この穏やかに膨らんだ円い物に心を引かれて立ち止まって暫し見入った。〉

高価な高麗青磁に比べれば、李朝白磁は雑器として当時日本人蒐集家の誰ひとり顧ることのない時代だ。伯教の体に美の猟人の武者ぶるいが走った。

巧、海を渡る

浅川巧の生涯に初めて光をあてた高崎宗司『朝鮮の土となった日本人』のなかに、巧の農林学校卒業時の成績がおさめられている。

〈修身八三点　国語漢文八九点　数学八一点　経済法規八五点　農学九二点　林学八五点

養蚕七七点　養畜六八点　測量製図八三点　土木八一点　病害虫九〇点　農林物製造六九点

英語五九点　体操七七点　実習八六点　各科目平均八〇点〉

養蚕、養畜、農林物製造といった科目が不得手であるのに対して農学、林学、病害虫などに高得点をあげているところからしても、巧の適性が林業にあったことは肯ける。全校二番の成績で秋田杉のメッカへと、浅川巧は赴任していったのだ。秋田の山をコーカサスに見たてて楽しみながら、国有林の伐採や植林の仕事にうちこんでいたことからすれば、仕事に不満があったとは思えない。幼い頃から父代りをつとめた兄伯教と海をへだてて遠く離れた生活をすることの淋しさが、巧の心を朝鮮へとかりたてたのか、逆に淋しがり屋の兄伯教が、弟を自分の許に呼びよせようと働きかけたのか。秋田で五年をすごした巧は、一九一四（大正三）年五月、一年前兄が渡った玄界灘をこえて、朝鮮に向かうことになる。

二十三歳になったばかりの若者の第二の職場は、朝鮮総督府農商工部山林課。雇員としての巧が配属されたのは、その前年嘱託一名、雇員二名で京城郊外、延禧面阿峴北里に開設されたばかりの林業試験所で、朝鮮在来種のほか輸移入樹種の養苗実験に従事することになった。林業技術者としての浅川巧には、至るところ青山ありというべきだが、現実の朝鮮の山々はいたるところ赤土がむき出しとなって禿げ、とめどない荒廃のなかにあったとすれば、浅川巧の朝鮮渡航の決意の背後には、あらかじめそれらの禿山に向いあおうとする意思が秘められていたのかもしれない。

かつて親友小宮山清三の家で兄の伯教とともに、巧も朝鮮陶磁器を見る機会があって、兄と同じほど、弟もその美しさに魅せられたことは事実だった。兄の伯教は、その美に直線的にひかれて朝鮮に渡った。教員として教壇に立つことは、伯教にとっては、美にひたるための手段であったとさえいってよい。弟の巧が禿山に木を植える人として渡ってきたところに、兄と弟のスタンスの差があったともいえる。人を育てることと木を育てることとの差とでもいったらよいだろうか。山は動くことはなく、木はものをいうこともないが、動くことのない山とものいうことのない木と向き合うために、浅川巧がまず身につけようとしたものは、朝鮮語の学習であったところが興味深い。浅川巧は、木々とともに禿山の大地に根を張ろうとしていたのではなかったろうか。

朝鮮カラマツの芽が出た

朝鮮総督府の林業試験所に雇員として採用された浅川巧の最初の足跡は、一九一七(大正六)年五月の『大日本山林会報』に記しとどめられている。石戸谷勉・浅川巧連名の「テウセンカラマツの養苗成功を報ず」という研究報告がそれだ。共同研究者の石戸谷勉は一九〇六(明治三十九)年、大学に昇格する直前の札幌農学校を卒えた俊才で、総督府林業試験所開設にあたって招かれた主任格の技師だったことを考えれば、この研究報告の主体はむしろ若い浅川巧の方にあったと見た方が自然だ。

論文のモチーフは、その冒頭に示されている。

〈山林会報大正四年一月号において林学博士白沢保美、小山光男両氏は「朝鮮落葉松の学名並に之が本邦内地に於ける造林上の価値」と題し、テウセンカラマツの内地における養苗不成績を記し、本樹種が内地寒温両帯における造林樹種としてその価値極めて少きものなりと断定せられ（た）。〉

けれども、それは即断にすぎはしまいか。現に、内地産カラマツが朝鮮の一地方で植林に成功したと同様、朝鮮カラマツも適地を見いだせば、「内地」にも適応するにちがいない。京城林業試験苗圃で、ここ二年のあいだに行った「内地及樺太産カラマツ」を加えての育苗実験の結果を示して林業家の参考に供したいというのが、この論文の主眼であることがわかると同時に、雇員として林業試験所に入った浅川巧が、二年間、朝鮮カラマツの育苗実験に没頭していた姿が浮かんでくる。

小学生のころ、巧は、近くの森に出かけていっては、自生する松の苗木などを掘りあげてきて、庭に植えたりした。農林学校時代、校庭の築山にコスモスの種を蒔いて、花で埋めつくして喜びながら、「僕は何時でも到る処で山野や木や草や水や虫を友として終りたい」と夢を語った。林業試験所の雇員浅川巧は、その延長線上を歩いていた。

研究報告には、カラマツ、朝鮮カラマツ、樺太カラマツ三種類の播種、発芽率、生育状況などを示す六枚の統計表が載っているが、数字の精緻さ、観察の綿密さ、実験の周到さが表に示されているだけではなく、統計表そのものが論旨を展開していく表現手段になっており、日本カラマツ、樺太カラマツに比べ、朝鮮カラマツの育苗が最も好成績をあげた様子が、数字のデータで示されている。

結論は明白だ。

〈朝鮮カラマツが内地又は樺太産のものに比し、朝鮮に於て優良な成績を挙げ得るは、寧ろ当然というべく、カラマツ類の朝鮮に於ける造林上の価値に関しては、右苗木を山地に植栽し、その成績を考査せる後にあらざれば判断すること能わざるも、恐(おそら)くはこの朝鮮に於ては朝鮮カラマツが、内地又は樺太産に優る成績を実地に見るの期あるべきを信ずるものなり。〉

内地の学者たちの無責任な論調にこう反論することで、弱冠二十六歳の雇員は朝鮮カラマツの価値を擁護し、朝鮮の山野を外来種から守ろうとしたのではなかったろうか。

各統計表には、試験の方法、播種や施肥や除草、日覆の仕様など、いっさいをオープンにしてくわしく報告しているところに、なにものにもとらわれない研究者としての真率さが表白されている。

朝鮮に巨木は数多ある

同じ年の『大日本山林会報』十月号にも、石戸谷勉・浅川巧の連名で「朝鮮に於けるカタルパー・スペシヲサ樹の養苗及造林成績を報ず」と題する論文が掲げられている。カタルパー・スペシヲサとは、アメリカ・キササゲの学名で、短期間に巨木となる樹種として、日露戦争直後から移輸入が企てられ、纛島（とくしま）勧業模範場、水原農林学校を中心にして移植がすすめられていたものだった。

巧が入所したその年、京城林業試験場ではこれの追試にとりかかった。苗圃における苗の生育はむしろ良好で秋には幹長一メートルにまで育ったが、ある程度まで伸びると枝分れが多く、山地に植えたものは生育すこぶる悪く、寒害によって多くが枯死した。

石戸谷・浅川の報告は試験の結果を、こうしめくくっている。

〈前記の如く、本樹は養苗すこぶる容易にして苗圃における播種当年の幹長よく、三、四尺に達するも、山地に植栽せるものはほとんど生長せず、樹勢貧弱にして、ただ宅地、路傍、圃畔等、土壌肥沃の箇所にありては、やや見るべき生育をなすあるも、輸入樹種の常として早晩生長遅緩となるべく、而して従来の経験によれば、移入樹種の多くは山地に植栽して成林を期するは困難にして……朝鮮には数多の優良種を有するをもって、これを木材生産の目的をもって、畑地に植栽するが如きは愚策の至りと云うべし。〉

短期で巨木になるというだけの理由で、生態系を無視してアメリカ・キササゲを持ちこもうとした植民政策の拙速を、この報告は追試によって冷静に戒めていると同時に、朝鮮の山野を緑で埋めるには数多の優良種が朝鮮にあるのだと主張しているかに見える。

一九一五（大正四）年の暮、巧は兄の伯教とともに一年半ぶりに冬の休暇で帰国したが、山梨農林学校時代の親友浅川政歳の姉みつえと結婚する意思をかため、翌年二月式を挙げた。長女園枝が生まれたのは、一九一七年春のことだ。「テウセンカラマツの養苗成功を報ず」や「朝鮮に於けるカタルパー・スペシヲサ樹の養苗及造林成績を報ず」が書かれた時期と重なることを考えると、朝鮮総督府林業試験場に職をえた若き雇員浅川巧の生活の最も充実した時代だったといってよいだろう。

美術への憧憬もだしがたい兄の伯教が、彫刻を初歩から学ぶといって単身上京することになったときにも、弟の巧は、おれには朝鮮の山を通じて地球に彩色する仕事があるんだといって、兄の家族を引きうけ、兄を喜んで送りだしたほどだった。

石戸谷技師と組んではじめた朝鮮巨樹老樹名木調査の成果は、やがてまもなく『朝鮮巨樹老樹名木誌』の名で総督府から出版され、くびすを接するように『樹苗養成指針』も石戸谷技師との共著で出版され、京城林業試験場に浅川巧ありと広く知られるようになってもいった。

とはいうものの、この若い有能な雇員の置かれた立場が、李朝期につみ重ねられてきた朝鮮林野の荒廃と無縁でないと同様、大日本帝国の矛盾に充ち満ちた植民政策という大状況から自由で独立たりうるはずがないのも、自明のことであった。

火田民（かでんみん）を逐（お）ったもの

二、三の背景を、いま手許にある萩野敏雄さんの大著『朝鮮・満州・台湾林業発達史論』をかりて、瞥見してみたい。

朝鮮に個有の「火田民問題」がはじめて表面に現われるのは、李朝最盛期をすぎた一四九八年のこと、その後続発する官人間の激しい党派抗争、内乱、秀吉の朝鮮侵略、天災などがくり返されて農村は荒廃し、流亡化した極貧の農民の一部が山に入って火田を開いたため、各地に山火事が発生し、林野の荒廃をうながした。朝鮮における火田民は後進国型焼畑農業とは異なり、李朝社会が構造的に生みだしたものとして、「日韓併合」後にも引き継がれ、第一次大戦の戦後恐慌下、急増し、一九二二年の水害が罹災農民を火田民へと追いやって、禿げ山は朝鮮の山野をむしばむ癌とさえいわれるようになっていく。前掲書はその実態をこう描いている。

〈この大正一三年における民有林分をふくめた全鮮の火田は、四〇・一万町（一二三・一万戸、一一五・九万人）であったが、そのほとんどは江原道以北に集中し、とくに咸鏡南道、平安北道が多く、江原道・平安南道がそれについでいた。北鮮国境地帯のうち、最北端に位置する咸鏡北道が比較的に少なかったのは、人口密度の過小と、古くから隣接地満州（間島地方）に多数の人口流出をみたからである。〉

かつて朝鮮には「無主公山」のことばが生きていたように、林野をめぐる農民的利用は日本列島などに比べると、はるかに自由だったといわれている。火田民創出の背後には、そのような伝統があったとすれば、植民地時代に入って日本型林政の導入は、木に竹をつぐ趣がなかったとはいえない。しかも植民地経営は安上りでなければならなかった。

一九一八（大正七）年、日本全国府県林務主任会議で総督府山林課長田中卯三が朝鮮における造林投資の有利性を、つぎのように説いたところに、それは示されている。
〈一、大面積の土地を得るの便あること
内地に於て今日数百町歩の集団地を得ることは容易のことではないと思いますが、朝鮮に於ては数百町歩乃至数千町歩の大面積を得ることは、左迄困難ではありませぬ。
二、造林地拵(じごしらえ)の必要なきこと
朝鮮人は多く林野の下草を採取して燃料に供するを以て、自然に造林の地拵(じごしらえ)ができておりますから、之がために費用を要することは全くないか、又は甚だ少額で済むのであります。
三、手入に費用を要せざること
造林家は地元の鮮人を指導して造林地の手入を行わしめ、為に得たる産物を譲与するときは、殆ど賃銀を支払うことを要せざるにより、手入の費用は全く不要なるか極めて少額にて足るわけであります。
四、労銀低廉なること
労銀は大体に於て内地より低廉にして且つ植栽に要する人夫を得ることも、左程困難ではありませぬ。〉
こう述べたあと田中山林課長は、朝鮮林業に与えられた特典として、きわめて低利の造林貸付制度があること、事業が成功すれば無償で山林が譲渡される仕組みを明かしている。
かくして、住友七万五千（町歩）、東洋拓殖五万、山下合名三万五千、三井三万五千、中村組三万二千、半田善四郎二万、片倉殖産一万五千、野村林業一万三千……などと朝鮮半島の林

野は内地資本によって占有されていくことで、朝鮮農民のもつ小作権を直接圧迫していくことにもなっていく。

一九一九年三月一日、京城市内の料理店泰和館で静かに読みあげられた独立宣言文が、またたくまに各地に伝えられ、朝鮮全土に〝万歳(マンセイ)〟の声が湧き起こっていった背後には、百万にものぼる海外流浪民を生むにいたった朝鮮農村の窮状があったといわれている。

淋しい心を慰めて

三・一独立運動に浅川巧がどう向き合ったかを知るに足る直接の資料は残されてはいない。伝記作者高崎宗司が『朝鮮の土となった日本人――浅川巧の生涯』のなかで、そのころ急速に親交を深めていた柳宗悦の紀行『彼の朝鮮行』から浅川巧の姿をひきだしているのを、見ておかねばならない。

〈彼（柳）は又京城にゐる彼の愛した一人の日本の信徒から、次の様な便りを受けた。

「日本人と朝鮮人とが信頼し合う真の平和は、宗教的に覚めて理解し合う道しかないことを切に思ひました。……私は始め朝鮮に来た頃、朝鮮に住むことに気が引けて朝鮮人に済まない気がして、何度か国に帰ることを計画しました。……朝鮮に来て朝鮮人にまだ親しみを深く感じなかった頃、淋しい心を慰めて朝鮮人の心を語って呉れたものは矢張朝鮮の芸術でした。私はいつもの祈りに、私が朝鮮に居ることが何時か何かの御用に立つ様にと云ふことを加へて、淋しい心に希望を与へられてゐました」

彼（柳）は此友達に愛と敬意とを感じてゐた。殆ど全ての日本人が憎の的である時も、此友達ばかりは彼が住む町の凡ての朝鮮の人達から、愛せられ慕はれて、その名を知らない者はなかった。此友に逢う事も彼には此旅での喜びの一つであった。〉

文中に使われているのは、柳宛の浅川巧の手紙であることは、ほぼまちがいあるまい。朝鮮民族博物館の設立プランが柳と浅川のあいだに生まれたのは、三・一独立運動にこの二人が向かい合ったことの所産とわたしは見たい。

浅川巧日記　故郷に還る

この夏（一九九七年）、浅川巧の生地山梨県高根町の町役場を訪ねたとき、わたしは昨春七十四年ぶりに韓国から故郷に還ってきたという浅川の日記（大正十一年〜十二年）を、町長さんの部屋で見せていただいた。

紫紺の風呂敷、白木の箱、そして鬱金の袱紗のなかからとりだされたのは、堅表紙の日記帳ではなく、市販の四百字詰原稿用紙をこよりで無造作に綴じただけのものだったのが、わたしにはいくぶん拍子ぬけの感をいだかせた。とはいうものの、表に「大正十一年日誌」とだけ素っ気なく記された誰が書いたともわからぬ茶に変色した原稿用紙の束が、七十四年後に書き手の生地の町役場にとどけられたことの意味が、逆にわたしの胸に重い感懐を呼びおこしたのも事実だった。

浅川の死から数えても六十四年、その間には日本の敗戦の混乱があり、さらには朝鮮戦争の烈しい戦火もあった。セピア色に変色したこの一束の原稿用紙それ自身、数奇の運命を負って故郷に還ってきたことが、保管者だった金成鎮氏の高根町に宛てて送られてきた手記「浅川巧直筆の日記入手の経緯」に記されている。

〈一九四五年九月下旬、ソウルの街は、開放の感激から未だ覚めきれない韓国人と、戦勝国米国の進駐軍、敗戦の衝撃に打ちのめされた日本人達の本国引き揚げを急ぐ慌ただしさ、これらがごっちゃになったざわめきが巷に沸き返っていた。〉

そんなある日のこと、三十三歳の金成鎮さんは、それまで勤めていた三菱電機の退職金と相当額の貯金とで、古陶磁を蒐(あつ)め始めており、汲古(きゅうこ)堂という店で白髪の老紳士と知りあった。

「韓国の工芸をこよなく愛し、それにもまして韓国人を温かく愛した浅川巧先生を日頃尊敬していた」金成鎮さんは、老紳士が巧の令兄浅川伯教と知って喜び、勧められるまま翌晩、美芹洞の住居に伯教を訪ねた。その夜午後十一時ごろまで話しこんだのち、辞去する際、

「お目の高い先生の所蔵品の中で譲っていただけるものがありましたら」

というと、伯教はしばし考えたあと、つと奥に入って、李朝十角面取祭器を持って現われたという。稀にみる珍品にはちがいなかったが、金氏の心づもりをはるかにこえて、

「まあー、売るとなれば二千円は取らねば」

と伯教は言い、当時二千円出せば四間ほどの瓦屋一軒買えるほどの金額であったが、金氏は

言い値で買い受けることにした。次の場面には、愛蔵品に心にもない高値をつけたコレクターのはじらいと、やがてこの土地から去っていかねばならぬ敗戦国民としての孤立した焦燥感が映しだされていたのかもしれない。

〈伯教先生は、何を思ってか、又奥に入って行かれ、李朝の小物二点を記念として下さった。有り難く頂戴してお宅を辞そうとした時、又もや一寸待つようにとおっしゃった。やがて、奥から出て来られた先生の手には、原稿の束と紙袋があった。何だろう？　と訝っている私に、「お待たせしました。これは弟巧の日記と、私が描いた弟のデスマスクです。これを貴方に上げます。是非引き取って下さい」と改まった口調でおっしゃった。〉

と、金成鎮氏は日記入手の経緯を明らかにしている。兄伯教がどのような気持で弟の日記を金氏に托したのかはわからない。

〈私は、いささか当惑もしたが、見込まれたことに喜びと責任を感じ、（中略）その後、一九五〇年六・二五事変のため、家財道具を打ち捨てて命からがら避難した折にも、この日記を浅川巧先生の御霊と思って、貴重品と共に背中に背負って釜山に避難した。〉

と、金成鎮氏は書いている。

日記に映された巧の素貌

金成鎮氏はむろん生前の浅川巧と、面識があったわけではないし、直接恩顧を蒙ったわけでもない。その浅川巧の書いた日記を、朝鮮戦争の動乱のなか、なぜ数少ない手荷物のなかにそれを入れて釜山にまで避難したというのだろうか。

金氏が浅川伯教から巧の日記を托されて、くり返し精読したろうことは疑いない。そこに、金氏はなにを読みとったのか。

〈苛酷な日本帝国主義の植民政策の下、しいたげられた被圧迫民族に対して、温情を注ぐことさえも日本の官憲ににらまれる事であった時代に、韓国人を心から愛して下さった巧先生は、泥池に咲き出た一輪の白蓮と申すべきである。その崇高な人類愛の精神は先生を知る韓国人の胸の中に永遠に生き続けることを信じて疑わない。〉

という結びのことばに、金氏の巧日記への心が托されているとみてよいだろう。浅川巧研究にうちこむ高崎宗司氏の請いを受けて、日記とデスマスクを浅川の郷里高根町に贈るにあたって、金成鎮氏はこう付け加えている。

〈その遺徳によって韓国と日本の両国民が、お互いに理解し、尊敬し合って、本当に仲の良い隣国として平和に幸福に暮らして行くことを切に望むものである。〉

かくして、浅川巧の日記は敗戦から五十一年目の一九九六年の春、生地山梨県高根町に無事送りとどけられることになった。還ってきた日記は一九二二（大正十一）年一月元旦に書き起こされて、その年の大晦日までの一年間と、翌一九二三（大正十二）年七月一日から九月十一日まで二カ月の間、断続的に記されたものである。

この日記の書き起こされる三カ月前、妻のみつえが突然病没した。四歳になったばかりの長女園絵を、郷里山梨にいる亡妻の弟浅川政歳夫妻に預けた巧は、失われた家庭の団欒にかえて、会話の対象を日記に求めたのではなかったろうか。日記の冒頭に彼は書いた。

〈今年は出来るだけ日誌を書く様に努めよう。（中略）毎日の感謝と祈祷は、この日誌に書かれて行くであろう。省察、懺悔、慷慨、喜悦、悲歎、苦痛、快楽の心を、その都度写して置いて貧しい生活の紀念にし、私を慰めたり励ましたりし度い。目を覚まして祈ろう。〉

こうして、三十歳に達した浅川巧の壮年の充実した姿が、期せずして数百枚の原稿用紙に映しとどめられることになった。

〈一月一日　午頃から江華の三枝君、家兄、水谷川君、柳さん、赤羽君など集って温突（オンドル）で話に花を咲かせた。秋以来美術館のために買った物を皆に見せた。夕方皆揃って貞洞へ行った。途中古物屋二三を見て廻った。一緒に貞洞で晩飯をした。小場さんが来て慶州古王陵発掘の話をした。〉

柳宗悦が正月休みを使って巧のもとに滞在し、いよいよ朝鮮民族博物館設立の動きが、この正月から本格化していったことが、日記から読みとれる。

〈一月三日　水谷川君の帰りを待って、柳さんと三人で李王家の博物館へ行った。博物館では平田氏が動植物園秘園の案内をして呉れた。昌徳宮は景福宮と比べると高麗焼と李朝焼の味がある。李朝焼が顧みられない様に景福宮が破壊されつつある。李朝時代芸術の味、李朝時代民族性の美は、此処当分理解されないかもわからん。此等が敬意を以て迎えられる日でなければ、半島に平和は来ないだろう。〉

ここに述べられた巧の感懐は、柳宗悦の感懐であったかもしれない。李朝時代の宮殿景福宮と対峙して、朝鮮総督府の建物の建築工事が進められていたのだった。それから半年後の六月四日の巧日記の記述は重要だ。

〈朝小雨が降ったが、八時頃から晴れて城壁廻り。（中略）はじめに仁旺山に登った。山上から京城市街を見下ろすと、ごみごみしてきたなく見えた。大地の皮膚病の様だ。人間等も寄生虫としか見えない。大地を支配している者とは見えない。（中略）東大門の近くは西洋人の土地になっていて鉄条網が張ってあって通れなかった。それから光熙門を過ぎて南山に登った。南山の薬水は美味だった。山頂にはケヤキやエンジュの大樹があって坮地（たいち）になっていた。少し下ると朝鮮神社の工事をしていた。美しい城壁は壊わされ、壮麗な門は取除けられて、似つきもしない崇敬を強制する様な神社などを、巨額の金を費して建てたりする役人等の腹がわからない。山上から眺めると、景福宮内の新築庁舎など実に馬鹿らしく腹が立つ。白岳や勤政殿や慶会楼や光化門の間に無理剛情に割り込んで坐り込んでいる処は、如何にもづうづうしい。然もそれ等の建物の調和を破っていかにも意地悪く見える。白岳の山のある間、永久に日本人の恥をさらしている様にも見える。朝鮮神社も永久に日鮮両民族の融和を計る根本の力を有していないばかりか、これから又問題の的にもなることであろう。〉

失われんとする一朝鮮建築のために

京城の城壁めぐりをした三日後、はげしい雷雨があった。その夜、巧は柳宗悦に宛てて手紙を書いた。朝鮮民族美術館のためのその後の蒐集状態を知らせたなかに、「美術館のための本や壷を買って気がつくと、昨日貰った俸給を全部遣ってしまった」ことなども、ユーモラスに記したあとに、城壁めぐりの日に見た京城の街の惨状、とりわけ朝鮮総督府と朝鮮神社の建築によって美しい城壁が無惨に壊され、荘麗な光化門が姿を消そうとしている危うさを、柳に詳しく書いてSOSを発した。

それから二カ月たった八月七日、「柳さんから光化門を弔うための原稿が来た」と、巧は日記に記している。

「失われんとする一朝鮮建築のために」と題された柳宗悦の原稿は、

〈光化門よ、光化門よ、お前の命がもう旦夕に迫ろうとしている。お前がかつてこの世にいたという記憶が、冷たい忘却の中に葬り去られようとしている。どうしたらいいのであるか。私は想い惑っている。〉

という切迫した筆致で始まっている。墨が涙でにじんだような文体は、巧のものではなかったが、「仮りに今朝鮮が勃興し日本が衰頽し、ついに朝鮮に併合せられ、宮城が廃墟となり、代ってその位置に厖大な洋風な日本総督府の建築が建てられ、あの碧の堀を越えて遥かに仰がれた白壁の江戸城が毀されるその光景を想像して下さい」というくだりは、かつて巧が柳に言ったことばそのままなのが、巧には快かった。柳さんはわかってくれているとも思った。

〈なかなかよく書けている。これを読んだら誰れでも朝鮮に対する同情、人類的の愛が味え

ると思う。〉
と、日記に記しながら、つい最近、朝鮮総督府の教育方針に見切りをつけて京城を去った赤羽王郎がもしここにいたら、まっ先にこの原稿を読ませるのだが、と思いながら、早速柳に原稿を受けとったという返事を出した。唯一「B」というイニシアルで登場する女性に見せたいと思ったが、気がついてみれば、巧は彼女の住んでいる場所もまだ知らずにいた。柳との打ちあわせ通り、巧は原稿を『東亜日報』の張徳秀記者にとどけた。

柳宗悦がそれこそ命がけで筆をとった「失われんとする一朝鮮建築のために」と題する不朽の論文は、一九二二（大正十一）年九月号の『改造』に発表されるのと機を一つにして、その翻訳が同時に、京城の『東亜日報』に掲げられたのであった。

同じこの夏、巧の勤務する林業試験場の新庁舎が清涼里に竣工した。引継ぎを受けた第一日の当直が巧に回ってきた。点釗、三春、朴の三人の朝鮮人雇員らと巧は、宿直室で薬酒（マッカリ）を汲みかわして新築を祝った。夜半、怖い夢にうなされて目を覚した。

〈五、六歳の男の子に催眠術をかけて胸に五、六寸の釘を打ち込んで何か芸をさせて大勢で見ている。そのうちに僕もいた。そして僕が可哀そうだと云うて、その釘を抜いて遣ったら、その子が眠から覚めて僕を追い駆けてくるのだ。〉

悪夢から逃れるようにして宿直室の玄関に出てみると、正面に閔妃（みんぴ）の陵が月明のなかに淋しく浮かんでいた。閔妃は李朝末期、日本人の謀略で殺された最後の妃であることはいうまでもない。

朝鮮の山、朝鮮の正月

遺贈された日記によって、一九二二（大正十一）年当時の浅川巧の相貌をもうしばらく追ってみたい。

樹木の種子や苗木の生育を主体とする林業試験場の仕事は息長く、どちらかといえば単調な日常になりがちなはずなのだが、巧の日記には絶えざる喜怒哀楽の起伏と、ある種のリズムがあって、書き手の精神の緊張がいきいきと伝わってくる。

一月中旬、京城の空は藍を流したように晴れ渡り、マイナス二十三度にまで冷えこんでいる。春にそなえて試験調査事項をまとめるにあたって、若き技手は砂防植栽の方法をめぐって上司と意見が衝突してしまう。

〈腫物の化膿した皮膚を膏薬で被い、壊れた温突（オンドル）を張りくるむようの治山事業、いわゆる砂防工事を主とした事業には賛成しない。山と植物の生命に助勢して山林を発育さすことを眼目にした仕事でなければ、朝鮮の山は救われないと思う。〉

と、巧は自分の立場を確かめるように書きとめるのだが、朝鮮の山に向けるのと同じ視線が朝鮮人にも向けられている。

一月二十八日は旧暦の正月元旦、やもめ暮しの巧が寝ているうちに、隣りの点釗が迎えにきて、点釗の家で元旦を祝う料理をご馳走になった。それから昼は鄭家によばれてご馳走を食べ、栖ノリ（一種の伝統的な朝鮮すごろく）や花合せの遊びに興じ、夜は羅家に招かれてまたご馳走になった。何もかもうまかったが、考えてみれば巧は朝鮮に来た最初の正月、同じ林業試験場に働く李の家に招かれ、慣れない民族料理を誰よりも腹一杯食べた経験がある。思えば「あの時分から朝鮮に対する適応性を持っていたともいえるが、不思議の運命の導きと試練は今思うと明かだ」と記したその日の日記には、またこう書かれている。

〈道へ出ると、美しく着飾った子供達が喜々として往来している。朝鮮人の子供の美しさは又格別だ。何となく神秘の美しさがある。今日は何となく朝鮮の天下のような気がする。この美しい天使のようの人達の幸福を自分達の行為が何処かで何時か妨げていたら、神様どうか赦して下さい。俺の心には朝鮮民族が明瞭に示された。彼等は恵まれている民族であることも感じられた。〉

卓上技師との距離

厳冬のあいだ林業試験場の仕事は屋内に限られることが多く、巧は朝鮮人人夫たちを集めて測量の講義をしたり、企画書や論文の執筆についやした。「苗圃担当の友に贈る」「禿山の利用問題に就いて」「萩の種類」といった珠玉のような論文が書かれたのも、厳しい冬の季節であった。温室や室（むろ）も冬のあいだの貴重な実験場で、巧が考案したものに「仮播」という播種の方法が、いまに語り伝えられている。

〈仮播ということと似た意味で従来用いたものに「土囲い」とか「埋蔵」とかいう言葉があります。これは元来貯蔵という意味を主とした仕事の名称として多く用いられたものです。貯蔵という言葉の内容はたくわえておさめ置く意味であるから、種子にしましてもなるべく種子の内容に変化を受けないようにして、必要な時節までその活力を保存しようという場合に用いて適当しています。（中略）ところが仮播になると、積極的に外界の影響を種子に作用させ、播種したと同様に、種子の内容の変化を期待しているのであります。〉

ここに巧の独特な方法の一端が映しだされている。貯蔵が人間の都合で生みだされたものとすれば、仮播はあくまで種子の性向に連れ添うような姿とでもいったらよいだろうか。

三月下旬、長い冬が終って農場の雪が消えかけると、試験場の仕事はにわかに忙しくなる。融雪促進の仕掛けと種子の選定、苗圃の地拵えと砂防植栽などなど、人夫を指揮して、巧は連日農場をかけ廻る。水原農林の鈴木教授を伴って、珍しく戸沢場長が総督府から試験場巡廻に姿を見せた翌日の巧の日記。

〈月谷で苗圃と砂防植栽の世話をした。昼食の時、田添技手が戸沢技師（場長）の命令で、砂防植栽を止めるようにとのことを伝えてきた。理由は研究の余地があるということである。俺は少しいやな気がした。無論研究の余地のあることは俺も始めから知っている。研究試験をせんがために実行しているのだ。従って成功するものも不成功に終るものもあると思う。その結果を知るのが目的である。〉

場長自ら巧を呼んで命令すればまだしも、田添技手を使ってやめさせようとしたのが、さらに巧のプライドを傷つけ、日記のボルテージはますます高まっていく。

〈博士とか技師とかいうても、彼等はこの忙しい春に薄暗い部屋に引籠って、旅費の勘定や人事のことばかり心配しているのだ。忙しい時というよりも春は恵まれた時だ。総督府は属官の仕事をするために博士を雇い入れはしないと思う。現場へ出ても来ないで、折角油が乗って仕掛けている仕事を止めるとは不都合だと思う。そのため俺は、事業の計画書を出して印を取ってある。兎に角予定通り進行させて行く。後は後のことだ。〉

それでもなお昂奮はおさまることなく、巧はこうも当りちらしている。

〈学者の寝言ばかり気にして自然の力を知らない者の多いのにうんざりする。彼等は仕事よりも自分にもよく解せないようの屁理屈を有難がっている。卓上技師と名づけてやる。〉

日記に卓上技師と痛罵された戸沢場長は、それから一週間ほどたって、結局巧の努力を認め、造林と苗圃一切を巧にまかせると言わざるをえなかった。巧は自分の微妙な心の動きを、こう書いている。

〈引受けてもいいが、今引受けたら一生朝鮮の林業に尽くす決心がなくてはならんと思う。僕今日は何となく官吏を廃(や)めたくなった。〉

とはいうものの、一方ではまたべつの心も動いていることを認めずにはいられない。

〈俺はこの頃造林上の業務については幾分の自信を得て来た。自信というと言い過ぎるとしたら、自然から学ぶべき態度に気がついて来た。それに(朝鮮人)人夫等と親しむことにも愉快を感じている。へぼな画かきなんかになりそくなって乞食をするより、朝鮮の山を青くすることに努力した方が人類は喜ぶかも分らん。小さい画面に彩色するより地球に彩色する方が増しかも分らん。しかし自分と考えを異にしている者に寵用される時は危険がある。いやな奴等と伍して生きることには険がある。〉

自ら思索し、確信したことを、実行に移さぬのは、巧には不道徳なことと映る。林業試験場には植民地特有の官僚主義と事勿れ主義の空気がよどんでおり、ことあるごとにそれが巧を悩ませた。

自分の教団が欲しい

日曜日には、京城の街に出て教会の門をくぐらずにはいられない。退屈な説教を聞きながら居眠りをすることもあったし、現状に飽きたりないものがあって朝鮮人だけの教会を覗(のぞ)いたりもした。日常の仕事から解き放たれ、教会堂で思索に刺激を受け、日曜日の巧の日記はいつも、長文のものとなる。

八月十三日の日曜には朝飯をすまして、いつも通り旭町の教会に行った。説教をききながら、ここにも心から語りあえる友人のいないのが淋しく、若草町教会の献堂式へと足を伸ばした。「小さいが思ったより気持のいい教会が出来ていた」としつつも、「荘厳な、せめて仏蘭西(フランス)教会ぐらい」のものが欲しいとも記した上で、こうつづける。

〈総督府が今建築中の朝鮮神社の金何百万円かを以てしたら、かなりのものが出来そうに思う。金の遣い方を知らない者にかかると仕方がない。少しは世界的人類的の仕事をして見る気になりそうなものだ。自分の祖先や自分の種族に生れた少し大粒の人間を崇（あが）める家を造るより、世界万民の父、万有の源である神を拝する宮をたてる方が大きい仕事である位はわかりそうなものだ。〉

「少し大粒の人間を崇める家」というのは、当時創建されたばかりの明治神宮をさしていることがすぐにわかる。

〈もし明治神宮の施設が人間に偉大な感じを与えたとしたら、それは建築でなくて全国から集めて植え込まれた森であろう。森には生命がある。自然が育ててくれる。時間が訂正してくれる。〉

とした上で、朝鮮神社が南山を削り、自然を壊し、石垣を積んで建てられる現状を批判したあとに、次のような結論に達する。

〈日本の宗教の現状では到底偉大な礼拝堂を産むことはむづかしい。日本の宗教界とトタン葺（ぶき）の会堂は似通っているのかもしれない。……献堂式に列した感想はこんなものだ。〉

結論のあまりの索莫さに気づいてか、思い直したように、さらに一行つけ加えた。

〈それはとも角、さし当り自分達教団の集会所を欲しい気がする。〉

ここに言う「教団」とは、巧の所属するメソジスト教会を指しているのでないことは明らかだ。その頃、巧は雑誌『白樺』を通じて武者小路実篤の「新しい村」に少なからざる関心を寄せていた。彼自身の周りからも何人かの友人が「新しい村」に旅立って行った。とはいうものの、「新しい村」の存立のため、武者小路がひとり懸命に原稿料のために働いているという理想と現実のギャップから、巧は目をそらすわけにはいかない。

〈自分の教団は心に出来るものだ。独りでも出来る。〉

と、巧は日記に書きつける。じっさいその頃、彼は同じ職場の朝鮮人、日本人とりまぜて五人と相語らって、収入に応じた金額を出しあって共同生活をいとなんでいた。巧の心の中では、それもひとつの「教団」であったのかもしれない。とはいえ、五人には五人の個性があり、人種や風俗が異なれば思いがけない波紋が立つ。それらの奇問、難問に逢着するたび、彼は日記のなかで二人の巧を案出して、巧と巧の討論で解決を見いだそうとしたりする。

〈教団のことは俺の頭が静かになるとすぐ頭を擡(もた)げて来る。俺は又そのことに酔うのが楽しみだ。〉

八月の末、総督府から、電話で呼び出しがかかった。五人の技手がそろって出かけていくと、殖産局長から「判任官待遇」の辞令を手渡し、奮励努力するようにとの訓示があった。

判任官になった途端に、巧日記に変化が生じたということはない。九月には長与善郎、柳宗悦、富本憲吉の一行が、いよいよ朝鮮民族博物館を立ちあげるため京城にやってくるや、巧の私的な時間はあげてそれに捧げられ、開館記念の朝鮮李朝陶磁器展は大きな反響をよんだ。巧の生活にふたたび静謐(せいひつ)がもどってきたときには、林業試験場の裏手の山々の木々はすっかり葉を落し、氷雨(ひさめ)が降りつづいた。

冬の旅

その年の終り、浅川巧は冬休みを待ちかねるようにして本土に向けて旅だった。東京では柳宗悦が、京都では河井寛二郎が、そして奈良では富本憲吉が、それぞれ手ぐすねひいて待っていた。いずれも京城で巧に手びきされながら、朝鮮李朝の美を陶磁や家具を通じて知った芸術家たちだが、彼らにはあるたくらみがかくされていた。浅川巧、再婚期成同盟とでもいうべき秘策が練られていた形跡がある。

そうとは知らず、巧は東京に着くとまもなく、韮崎（にらさき）へと急いだ。亡妻の実家に預けっ放しの長女園絵に会わねばならない。韮崎駅には義弟浅川政歳が出迎えてくれた。

〈二人は話しながら家についた。母やちかちゃんに挨拶するまでは平気だったが、そのゑを見ると、只とめどもなく涙が出てしまった。悲しいのか嬉しいのか、そのゑがかあいそうなのか、みつゑのことを思い出したのか、母やその他の人の心情を察したのか、そんなことははっきりは言えない。自分にも分らない。その全体の心が一緒になったようで又そう簡単でないようで、只眼と鼻から汁が湧出した。実はこんなはずではなかったのだ。〉

長女園絵が実の母同然になつくのを確かめつつ、浅川巧が河井寛二郎の紹介で大北咲子との再婚にふみきったのは、それから二年ほどあとのことだ。

〝国語のうまい朝鮮人〟

〈巧さんは正しい人だった。その為に随分公憤を洩らした。日記にもかなり現れている。しかし私怨は持たなかった。〉

と書いているのは、巧の感化もあって、のちに朝鮮民芸の研究家となった浜口良光だが、日記の行間からは、とかくこぼれてしまいがちな巧の日常の個性豊かな素顔が、浜口の回想に描かれている。

柳宗悦の紹介状を持って浜口が清涼里に巧を訪ねたのは、京城について三日目のことだった。朝鮮家屋のオンドルには陶器や木工品などが所狭いほど並ぶなかに、巧はそれらと雑居して楽しそうだった。飯時になって裏山の尼寺に案内されてご馳走になった。

桔梗(ききょう)の根、昆布の油揚げ、海苔の油焼、ゼンマイ、豆腐と乾茸のスキヤキなど、巧はうまいうまいと食べ、最後に残りものを飯に混ぜ、「これが朝鮮式五目飯で、うまいんだ」とすすめたが、義理にもうまいとはいえなかったと、浜口は書いている。思うにこれが、教師として京城に初めてやってきた青年への巧流研修であったのかもしれない。

満腹すると、オンドルに寝ころがって、朝鮮の童話が始まった。子供はお爺さんにねだる。

「ある処にオシという姓のマイという名の人があったとさ。オシマイさ」

子供達が怒って、もっと長い話を要求すると、お爺(ハラボジ)さんはよしよしと肯いて、

「ある人が馬に丸大根をつんで山を上って行ったら、馬がつまずいて大根がころげ落ちたとさ。その大根は坂道をコウロリ〳〵……」

と、巧はお爺(ハラボジ)さんの役になりきって、オンドルの上をころがり廻るのだが、何ともいえない味があった。

浜口良光にかぎらず、京城に赴任してくるインテリたちが、柳の紹介状で浅川兄弟の周りに集まってくるようになっていた。

「雑談で終ってしまうのは惜しいから、何か朝鮮趣味を語る会を作ろう」

と言いだしたのは、兄の伯教だったが、安倍能成、上野直昭、速水滉といった京城帝大の若手教授たちに加えて、若い浜口らも名を連ねたこの会の推進役は巧だった。

「朝鮮の室内遊戯」とテーマが決まると、巧はどこからともなく昔王宮に仕えていたという上品な老人を連れてきて話させ、自ら堂に入(い)った通訳ぶりを示したし、「朝鮮料理の下手物(げてもの)食い」ときまれば、誰も足をふみいれたことのないニンニク臭い一膳飯屋に一行を案内し、みんなが辟易(へきえき)しているなかで、巧はひとり舌鼓をうって食欲を示した。一膳飯屋の亭主のなかには、この常連の客が日本人であったことに初めて気づいたようなものもいたし、日本人客のなかには、巧の後姿を指さして、「あの朝鮮人はずいぶん国語がうまいね」と感心したりするものもあったという。

関東大震災の惨劇の中で

一九二三（大正十二）年の巧の日記は七月二十一日で中絶している。急に東北・北海道への林業調査のための出張が決まったからだった。ふたたび彼が日記帳を開くのは、九月十日になってからだ。

〈小止みもなく雨が降りしきる。しかし何となく落ちつきのある夜だ。

七月二十三日から三十五日間の北海道、東北地方から郷里にかけてのめまぐるしい程に忙しい旅行をし、帰ると間もなく全羅北道へ約束によって林業講習会の話をしに行き、九月二日全州で関東大地震の報道を見、驚いてその日の夜行で京城に戻った。東京とは音信も交通も杜絶のために姉の家などの消息も今以て知ることができない。旅行中から今日まで日記を書く様の気になれなかったが、今夜は何となくゆっくりした気分になって何か書きたい欲望にかられている。〉

と、日記の空白期間を埋めながら、その間に「関東大震災」の衝撃的ニュースが彼の心を打ちひしいでいたことを明（あ）かしている。

山梨からは亡き妻の弟から、次のような便りがとどいている。

〈東京の大地震の惨害は実際の災害の十分一に過ぎない。他は地震のためでなくて不逞鮮人の放火による火災のためであると伝えられ、東京及その近郊の日本人が激昂して朝鮮人を見

たらみなごろしにすると云う勢いで、善良な朝鮮人までが大分殺されつつある由。〉

巧はすでに上司を通じて、総督府の警務局長の非公式情報にも接していた。「朝鮮人の或者が不心得にも石油罐を持って放火して廻った」と。「避難する婦女子をはずかしめた」と。「日本人の激昂が極度に達し、片っ端から朝鮮人と見たら追い廻してその人間が犯人であると否とを判別する余裕もなく打ち殺した」と。「日本人でも朝鮮人に容姿の似た者は間違え殺された者さえある」と。「東京の近郊の青年団などは今にも不逞鮮人が逆襲すると云いふらして用意して構えている者さえ多い」と。

海をへだてて巧には、それ以上の真実は伝えられてこない以上、総督府から伝えられた情報を前提とする巧の考えが、千々に乱れるのはむりからぬことだ。「朝鮮人の或者が不心得にも石油罐を持って放火して廻ったこと」を含めて、総督府から伝えられた情報を「事実無根のこととは想えない」としつつも、「然し事実として考えるのは心細すぎる淋しいことだ」と記すのが、彼のぎりぎりの立場だ。そして激昂のあまり「片っ端から朝鮮人と見たら追い廻してその人間が犯人であると否とを判別する余裕もなく打ち殺した」という異常事態へと、彼の眼差しは収斂していく。

〈一体日本人は朝鮮人を人間扱いしない悪い癖がある。朝鮮人に対する理解が乏しすぎる。朝鮮人といえば誰も彼も皆同じと考えている。白い着物さえつけていたら皆同じ朝鮮人と心得ている。〉

それは朝鮮服を好んで身につける巧自身、京城の商店街などでしばしば遭遇した体験でもあったが、前日、同居人の金万洙が民族美術館から帰ってきて憤慨して語ったことを、こう記している。

〈金君が仕事を終って手を洗うために水道栓の処へ行った。そこに番人の女房がいたから、出来るだけ叮嚀に挨拶して、洗面盥（たらい）を借りることを頼み込んだ。女は明かに拒絶もしないが、返辞もしない。初めに二言ばかりは横柄な態度で応答したが、後からは口をつぐんでだまってしまって、その態度が実ににくらしかったと言うている。……此のことは些細のことの様だが、等閑にされないことだ。日頃の憎悪が有事の場合忘れられる人間は少い。人類とか神とかいう問題の判る人間なら、始めから憎悪なんか感じないですむ。〉

とはいうものの、巧は彼の属する教会が、この重大な事変にあたって、「日鮮両民族の間に起る多くの問題について祈り且つ骨を折る」のではなくて、「僅かばかりの義捐金を集めたり通信をしたりすることに血眼になっている」現状に不満を述べつつ、こう記す。

〈自分はどうしても信ずることが出来ない。東京に居る朝鮮人の大多数が、窮している日本人とその家とが焼けることを望んだとは。そんなに朝鮮人が悪い者だと思い込んだ日本人も随分根性がよくない。よくよく呪われた人間だ。自分は彼等の前に、朝鮮人の弁護をするために行き度い気が切にする。〉

そして、警務部長の情報をいったんは認めた自分を恥じ入るかのように、こうも書いている。

〈今度の帝都の惨害の大部分を朝鮮人の放火によると歴史に残すとは、忍び難い苦しいことだ。日本人にとっても朝鮮人にとっても恐ろしすぎる。

事実があるなら仕方もないが、少なくとも僕の知る範囲で朝鮮人はそんな馬鹿ばかりでないことだけは明かに言い得る。それは時が証明するであろう。〉

里門里の丘へ

浜口良光の回想に、巧の日記が出てくるのはすでに触れた。巧の死（一九三一）の直後、この日記は巧の周辺の人びとに廻し読みされたことをうかがわせる。たぶん、遺稿として世に公けにしたいと検討したからではないだろうか。だが、〈エスはエルサレムの宮の壮大も跡かたなく消え失せることを警告している。日本は大東京を誇り軍備を鼻にかけ万世一系を自慢することは、少し謹しむべきだと思う。人類共通の宝を天に積むことが永世に生きる途であることを教会は力説したい。〉と結ばれているこの日の日記は、一九三一年の日本で公刊することは不可能だという結論が出たのではなかったろうか。

一九三一年四月二日、午後五時三十七分、浅川巧は急性肺炎で急逝した。何びとも予想しない突然の死だったことは、巧の三周忌に編まれた『工芸』（一九三四・四）の浅川巧追悼号にこもごも語られている。

安倍能成という哲学者は、八十余年の生涯にめぐりあった多くの知己の回想や追悼文を残した人だが、巧の死の直後、『京城日報』に寄せた「浅川巧さんを惜しむ」という一文は、安倍能成選集に載せられた追悼文集中の白眉といって過言でない。自分はわずか三年ほどの交わりだったと断りながら、巧の生い立ちや来歴などにまで、ほどよく目を配っているのを見れば、その友人知己からの聞き取りをふまえたものとも思われるが、安倍の筆を躍動的なものにした最大のものは、早逝した年若い友人に対する安倍の敬愛と愛惜にあったことは言をまたない。アフォリズム風に引くこととする。

〈我々の仲では巧さんで通っていた。

巧さんは動(やや)もすればペシミスティックになる私の朝鮮生活を賑やかにしてくれる、力づけてくれる、楽しくしてくれる、朗かにしてくれる、尊い友人の一人であった。巧さんは確に一種の風格を具えた人である。丈は高くなく風采も揚(あが)らなかった。卒然としてこれに接すると、如何にもぶっきらぼうで無愛想らしく、わるくいえば、ちょっと不逞鮮人(ママ)らしいところもあった。しかし親しんでゆく中に、その天真な人のよさは直ちに感じられ、その無邪気なる笑いとその巧まぬユーモアとは、求めずして一座を暖かにする所があった。

死後になって、巧さんの仕事が種を蒔いて朝鮮の山を青くする仕事であったときいて、「是(これ)ある哉」と思わざるを得なかった。それは実に朝鮮にとって最も根本的な仕事であった。

……ミレーに「種蒔く人」の絵があった。そういえば、巧さんの背中を円くして手を前にふりふり歩く恰好までが、その種蒔く人に似ているらしく思えてくる。

巧さんが芸術愛好者であったことはいうまでもないが、芸術愛好者の動(やや)もすれば陥る放縦(ほうしょう)懶惰(らいだ)の弊はなかった。〉

安倍はこう指摘して、巧の「朝鮮民族博物館」創設への関りの潔さにふれながら、生前唯一公けにした著書『朝鮮の膳』、そして遺稿としてまとまった『朝鮮陶磁名考』の二著の含みもつ価値の高さを言いあててもいる。

春の休暇の帰京中に訃を知った安倍は、巧の葬儀に立ち会うことができなかった。

純白の朝鮮服に包まれた巧の遺骸は、重さ四十貫の棺に納められた。巧を敬愛する里門里の村人三十人が棺を担ぐことを申し出るなか、村長が十人を選んだ。大欅の下で儀式が始まると同時に、一天にわかにかきくもって陣雨が到来したとき、浜口良光は雷雨の中で死んだベートーベンを想い起こしていた。

清涼寺の三人の尼の「アサカワサンシンダンジー、アイゴー」という悲痛な叫びに送られ、十人の朝鮮人に担がれた柩は、十町先の里門里の共同墓地へと運ばれていった。林業試験場における巧の部下の朝鮮人人夫たちが葬いの歌を静かに歌いながら、柩に土をかけて棒でつき固めていった。こうして浅川巧は朝鮮の土となった。

一九四五年の秋、興復に沸くソウルで、浅川伯教が引揚げを前にして、弟巧の日記とデスマスクを金成鎮という若者に托そうとしたのを、わたしはいま素直な気持でふり返ることができる。

北京の定点観測者　中江丑吉と鈴江言一

中江丑吉

鈴江言一

兆民の子ども

中江丑吉と鈴江言一は、大正初年から中頃にかけて祖国を棄て、その後半生を中国の陋巷(ろうこう)に深く沈めた知の旅人だったため、その航跡にたちこめている濃い霧が、今日もなおわたしの関心をそそってやまない。

中江の主著は、死後にまとめられた『中国古代政治思想史』一巻のほかには『中江丑吉書簡集』があるばかりだが、書簡集の過半はただ一人の友人あるいは弟子と称した鈴江言一に宛てて書かれたものであり、その巻末に付されている年譜は、中江と鈴江二人に関わるものとして編まれているので、これによって二人の出自を追ってみることにしよう。

丑吉は明治の高名な思想家中江兆民の長男として明治二十二（一八八九）年八月大阪曽根崎の寓居(ぐうきょ)に生まれた。ときに父兆民中江篤助は四十二歳、母弥子(いよこ)は二十二歳、二歳上に姉千美子(ちびこ)がいた。父兆民は保安条例で東京に住めぬ身ながら、憲法発布による大赦がおりるのを待ちきれぬかのように帰京したあとに、丑吉は生れた。乳呑児に明治二十二年の政治状況は何ら関係のないこととはいえ、母の胎内で胎児の脳細胞に何らかの刷りこみがなされたことまでを否定するわけにはいかない。

ともあれ、丑吉はこの国に憲法が初めて制定された年に生まれあわせたのだが、その幼少のエピソードは、父兆民のオゥラのかげにかくれて極端なほどに少ない。小石川武島町に兆民が買い求めた家は三十数坪で質素なものだったが、庭は広く蓮池や菜園もあって、ことに果樹が多く植えられていた。四歳になると水道端の山田幼稚園に入ったが、胃が弱く瘦せていて小さかった。園児のなかにのちに満鉄の理事となる石本憲治がいて、終生の交りを結ぶことになる。

六歳になった丑吉は小石川竹早町の女子師範付属小学校に入学する。学課にとくに秀でたものはなく、目立たぬ生徒だったが、無類の正直と何ごとにも不器用でおこりっぽく、外で遊んでばかりいる子どもという印象をのこしている。

口数少く落着きのある姉とは対照的に、丑吉は弱虫で無類のおしゃべりであったから、父の兆民は「お前ははなしかの前座にでもなれ」と言い、「そばで大きな声を出してくれるな、お前の声は、頭のテッペンから張り裂けるような声が出てきて、頭がガンガンする」と叱ったりもした。そんな丑吉を母の弥子は真底可愛がって、わがままいっぱいに育てたから、少年には父の晩年の波乱は、母の防波堤でくいとめられたまま、翳（かげ）をおとす余地がなかったのかもしれない。

喉頭癌のため、医師から「一年有半」を告げられた兆民が、わずか九カ月の病床で世を去ったのは、丑吉が早稲田中学に進んだ年、明治三十四（一九〇一）年十二月のことだ。

書生の幸徳秋水が師の棺の前で慟哭するさまを、かたわらで丑吉がふしぎそうに眺めていた。姉の千美は、その丑吉を見て、「何という子だろう」と悲しんだことを、晩年まで忘れなかった。しかし少年が父の死に深い衝撃を受けていなかったという証左にはならない。中江丑吉にとって、父兆民の翳はさいごまでついて離れることがなかったと思われるからだ。

鈴江家の井戸塀

中江兆民が第一回総選挙に大阪から立って最高点で議政壇上に送りだされたのは、丑吉の生まれた翌年のことだが、「無血虫の陳列場」と叫んで議員を辞職したのは、三カ月後のことだ。八百万円の軍事費を二度にわたって否決しながら、解散の脅しに屈してあえなく権力に買収されていった、かつての同志たちへの怒りと、恩賜の民権から回復の民権へと憲法改正を企てることの不可能を議場に見てとったからにちがいなく、辞表に「アルコホル中毒のため」と書きつけてのことだった。

兆民が議場から去って四年後の国会に、島根県から鈴江泰蔵という新人が送りだされてきた。鈴江家は飯石(いいし)郡一帯に土地を持つ素封家で、十代目の泰蔵も利殖の才をもって事業をのばしたが、初当選を果したこの年、鈴江家に十番目の子が生まれ、言一と名づけられた。

『鈴江言一伝』によれば、父泰蔵は「寛大雅量な人で人望が厚く」、村長、県議を歴任した末に代議士に推されたが、一期をつとめただけで終っている。地価の高騰を期待して買い占めた土地が値上がりしなかったばかりか、水田養鯉(ようりぎょう)業を企てて他人まかせにしたことがつまづきのもとであった。兆民が三カ月で見限った代議士生活が、湯水のごとく金を必要にしたことも、鈴江家の没落に拍車をかけたのであろう。政治から身を退いて三年、鈴江家は破産し、債権者が押しかけるなか、元代議士が単身ひそかに京都に逃れ去ったあと、鈴江家の総支配人田部利七は縊死して果てた。

ものごころつかない言一には、眼前の事態を理解する力はなかった。

慶応義塾を卒えて帰っていた次兄竹次郎が債権者に軟禁されるなか、残された家族は土蔵の二階で人目をはばかるように暮らすほかはなく、翌年言一は村の小学校に入学した。在校二年間、全甲、とりわけ絵と書き方が群を抜いているという記録が残っている。

京都に身をかくした鈴江泰蔵は、公家相手に碁を指南して糊口をしのいでいたが、病いに倒れたという通知があって、妻たるは五男秀太郎、八男言一を伴って夫のもとにかけつけた。島根県飯石郡多久和村には、鈴江家の井戸と塀だけがのこった。

言一が転入した京都の小学校がどこだったのか、年譜からはわからない。父の死にともなって、言一は当時ようやく鐘紡神戸支店に職を得ていた次兄竹次郎のもとに引きとられ、明治四十二（一九〇九）年神戸市立道場尋常高等小学校を卒えている。

度重なる環境の変化にもかかわらず、少年の心はいじけるどころか、「独立心が強く、勇気も侠気もそして才気もある」少年に育ってゆく。「絵が巧みでしきりに石川五右衛門や戦争の絵を描き」、「理屈に合わなければ同輩、先輩を問わずやっつけてしまう」ところなど、すでに後年の鈴江言一の片鱗がのぞいているといってよい。小学校の高等科を卒えてまもなく、弁護士事務所の書生となって単身上京していく言一の姿を、兄嫁はこう回想している。

〈夏の日盛りなりしや、縞の単衣を着せ、吾が着用したりし浴衣を解き洗ひて仕立てたるを持たせり。極月の生れなれば、年よりは殊の外子供っぽく幼なげに見えたり。〉

言一の多難な青春の門出であった。

平穏な青春

さて、父兆民亡きあとの丑吉の青春にもどれば、仏学塾時代の兆民の弟子で政友会代議士の伊藤大八の奔走で、中江家は武島町の家を売って麹町一番町に小さな家を建てて移り住み、下宿屋を兼ねた。頭山満の斡旋で、中国人留学生章宗祥らが下宿し、のちに曹汝霖も二年間中江家の人となり、章宗祥、曹汝霖の二人はのちに中国に渡る丑吉と終生の友人となった。

中江家はやがて一番町の家を売って借家住まいを余儀なくされながらも、兆民の旧門下生がさまざまに援助の手をさしのべるなかに幸徳秋水もいた。病床で兆民の口述した『一年有半』『続一年有半』が幸徳の筆記でロングセラーになるなどするなかで、丑吉が早稲田中学から七高、東大法科と恵まれた学生生活を送ることのできた背後には、母弥子のなみなみならない慈愛があったからだろう。

とはいうものの、母に成績をきかれると、丑吉はいつも「ビリ」と答えたように、高校大学を通じて俊秀のなかに埋もれた目立たぬ学生だった。語学だけは得意で、英独訳でロシア文学やフランス文学などにも親しみ、漱石、独歩、子規、荷風を好んで読んだ。絣の着物に袴と靴、ハンチングのいでたちで講義にはまじめに出たが、席を争うようなことはなく後方の席に坐った。寄席を好み女義太夫に凝ったこともある。

大正三（一九一四）年三月卒業試験を前にして湯ヶ島にこもって勉強し、帰ってみると、母が病いに倒れており、一カ月後に帰らぬ人となった。姉千美子はすでに板垣退助の口ききで土佐自由党の重鎮だった竹内綱の三男虎治（異母弟が吉田茂）に嫁いでいたから、丑吉は天涯に孤独の身となって、その年の七月東大を卒業する。この頃丑吉は遊蕩をおぼえ、卒業免状を芸者屋に置き忘れたまま、伊藤大八が副総裁となっていた満鉄に入社をすすめられて、大連に渡ることになる。

俥を引く青春

早く父を失ったとはいえ、父の友人知己の庇護のもと平穏な学生生活を送りえた中江丑吉に比べると、鈴江言一の青春には徒手空拳で道をきり開いてこなければならなかった若者の唯物論的凄さとでもいったものが漂っている。凄絶のにじみでた年譜をそのまま引き写すと、こうなる。

〈明治四十三（一九一〇）年　十六歳　北川弁護士宅に半年いて、北川夫人が好きになれず、座敷の床の間に逆箒を立ててとび出す。

明治四十四（一九一一）年四月九日　吉原遊廓の大火を列車の窓ごしに見ながら、上野駅を出発。妙義山近くで下車、中仙道の無銭旅行を行なう。木曽路をたどって京都へ出、インクライン工事の土工や滋賀県の鉱山、鉄道建設の飯場で働く。

明治四十五（一九一二）年　日本橋田坂貞雄法律事務所の書生として住みこむ（七兄謹一の学友森山弥頼の紹介、森山も同事務所書生）。書生は他に、河村信人がいた。子供好きで画をよくかいていた。神田神保町の東洋学院の夜学に通う。

大正二（一九一三）年　シーメンス事件に端を発した騒擾事件で興奮して出たり入ったりしていた。中学卒業検定試験準備、しかし宇都宮での検定試験は不合格。

田坂法律事務所、山崎今朝弥ら数人の弁護士と合体して東京法律事務所を創設、銀座に移る。二十人の書生の中に大杉栄の弟、進がいた。ここへ荒畑寒村、大杉栄、堺利彦、山川均、布施辰治が出入りして当局から警戒される。

大正四（一九一五）年　二十一歳　現役兵として竹橋の近衛歩兵連隊に入隊。甲種合格、看護卒。

大正六（一九一七）年　看護上等兵で除隊。有楽町の開業医の俥引（くるまひ）きとなる。俥引きをしながら、明治大学政経専門部別科に入学。その後、東京駅の車夫の群に入って本職の俥引きとなった。神田錦町に間借りする。

大正七（一九一八）年　明大政経専門部別科に転籍。米騒動、群衆に混って銀座へ流れ火をかけた。

大正八（一九一九）年　明大授業料滞納と単位を一つもとってないため除籍される。田坂弁護士の友人藤原鎌兄宛紹介状を持って北京に発つ。〉

中江丑吉の青春は、物質的には決して豊かに恵まれていたとはいえないにしても、父兆民と関わりのある多くの庇護者たちにまもられて平穏にすぎていった。年譜でみるかぎり、丑吉にとっては徴兵制度なども、あってなきがごときものとさえ見える。平穏なあまり、最高学府に学びつつも丑吉に上昇指向の芽はそだたなかったのかと、ふと思うのだが、それはちがう。明治四十三年七高を卒えて、丑吉が東京帝大法学部に進んだその年、父兆民の愛弟子の幸徳秋水が検挙され、明治天皇暗殺を企てた首謀人として処刑されるという大逆事件が起ったことに、どんな衝撃を受けたか。黙して語らなかったのは、衝撃を受けなかったことの証明にはならない。大逆事件の衝撃から自らを戯作の世界に追いこんだ荷風を、丑吉は晩年死の床でまで愛読したというではないか。

丑吉を下向するプチブルジョワの息子とみるならば、人力車夫をしながら明大専門部に学んだ鈴江言一の青春は、どん底からはいあがろうとする強い指向につき動かされていたようにみてとれる。そんな対極にある二人の若者が期せずして大陸をめざしたのが、大正という時代でもあった。二人が北京であいまみえるには、まだいくらかの時間が必要なのだが……。

奇妙な秘書生活

一九一四(大正三)年九月、満鉄に入るため大連に渡った中江丑吉は、なぜか翌十月には時の権力者袁世凱大総統の顧問有賀長雄の秘書として北京にいた。

有賀には『満州委任統治論』などという現実主義的色彩の濃い著作があって、北京の親日派政客のあいだに、ある種の影響力があったが、中江が秘書となったのは有賀の学風をしたってとか、確固たる意図があってとかいうものではなく、日本留学を終え、親日派の一領袖となっていた曹汝霖の推せんによるものだったといわれている。二十五歳の法学士がなぜ袁世凱政権の中枢に入って行こうなどとしたのか。格別の志があったわけではなかったという本人のわずかな回顧を信じるほかはないけれども、丑吉の心のどこかに、父兆民の『三酔人経綸問答』のかげがなかったかどうか。

広壮な有賀邸に一室を与えられ、契約は一年ながら百円の月給は国内の二倍以上だったが、とりたててなすべき仕事もなかったから遊蕩はつづき、長春亭の芸妓松井里子を知ったのも、そのときのことであった。

北京における中江丑吉は自らの来歴に触れられることを好まず、自らも語り残すことはなかったから、中江丑吉年譜は、歴史年表など外側に起った現象と結びつけて構成されている部分が多いが、二十五歳の若者の意思とは関係なしに、北京には新しい歴史のうねりがこの若者を待ちうけていたといってよいだろう。

中江が大陸に渡る直前、ヨーロッパでは第一次世界大戦の火ぶたがきって落とされていたが、いち早く対独参戦にふみきった日本は、九月二日山東省に上陸作戦を開始し、戦わずしてドイツの租借していた膠州湾地域を制圧し、中国側の抗議を無視して山東鉄道を占領するなど、列国の関心がヨーロッパ戦局に釘づけされているあいだに、大陸の権益拡大にむけてつき進んだ。青島外相加藤高明が駐華公使日置益にひそかに二十一カ条にわたる対華要求を訓令したのは、作戦も成功裡に終ったその年の十二月三日のことだ。

国際政治のイロハさえも弁えていない法学士中江丑吉が、袁世凱の顧問有賀長雄の秘書になったのは、そのような時だったのである。つきつけられた二十一カ条の要求を、中国はいったんは拒否したものの、日本の最後通告によって、翌年五月二日調印に追いこまれた。その局にあたったのが外務部次長曹汝霖であったことを考えると、丑吉は大陸侵出に狂奔することになる祖国の露な姿を、北京という特異な空間で目撃したことになる。

二十一カ条の要求を呑んで一カ月後に袁世凱は死んだ。その秋、丑吉は有賀の契約延長の申し出を辞退して帰国する。北京でなじんだ長春亭の芸妓松井里子と所帯を持ち、東京で職を得ようとした気配だが、唯一の肉親である姉竹内千美子が二人の結婚を認めようとしなかったことから、丑吉はふたたび北京に舞い戻ってしまう。甲種合格となった鈴江言一が近衛歩兵連隊に入隊し、毎日ビンタをくらっていたころだ。

情報の交叉点

袁亡きのちに成立した段棋瑞内閣に、かつての中江家の下宿人曹汝霖が交通大臣に、章宗祥が司法大臣に入閣し、曹は外務、大蔵、章が司法から農商務と、内閣の枢要の位置を占めたのも、丑吉の北京における人脈を豊かなものにしていくことに、大いにあずかったにちがいない。

段棋瑞の顧問坂西利八郎大佐の依頼で、丑吉は外字紙チャイナ・プレス、ノース・チャイナ・

デイリーニューズ、ペキン・ガゼット、ペキン・ティエンティン・タイムズに目を通して依頼者にレクチュアし、坂西がこれを高く評価していたことは確かなようで、土肥原賢二、多田駿、岡村寧次といった、のちに日中戦争の主役におどり出る青年将校たちと知り合うようになったのも、坂西公館に住みついていたこの時期のことだ。

思えば丑吉は危うい橋の上を歩いていたのだが、この青年には日華のあいだに渦巻く政治問題に一切関与しないという潔癖さがあった。それは稀有な才能といってよく、それゆえに、曹汝霖らを通じて中国政界中枢の情報と、坂西利八郎らを通じて帝国陸軍の情報とが、中江丑吉という青年のなかで交叉する。同窓の佐々木忠の『順天時報』に丑吉が寄稿する時評が、泥田に咲く蓮のように人びとの注目をあつめるようになっていったのも不思議ではない。

坂西公館に中江が寄食したのは、そう長い期間だったわけではなく、やがて彼は松井里子と後門(ホウメン)にほど近い所に所帯を持つのだが、時評の執筆で生計が立ったとは思えない。北京在住の日本人とは、数人を除いて交わることはなかったが、四歳上の松井里子は「献身的で聰明且つ有能な夫人」で、彼女を通じて岡本染物店一家など、いわば北京下町の日本人とのつきあいは終生つづき、中江丑吉の後半生を特徴づけることとなる。

とはいえ、エポックは中江三十歳の一九一九(大正八)年にやってくる。この年正月の七草の日に学に志したという述懐が正しいとすれば、おそろしく晩学というべきだが、現存する四十二冊の読書ノートがこの年から始まっていることに、中江の心機は読みとれる。

五・四運動の渦中で

〝対華要求二十一カ条〟という爆薬が仕掛けられたのは、すでに見たように第一次大戦の緒戦のことだが、それから五年、導火線はそれとなく燃えつづけ、この年一九一九年五月四日、世界史的な事件へと発展する。

一月からパリで開かれた対独講和会議において、世界の耳目を集めたのは、中国代表による「山東の中国還付」の要求であった。戦勝国日本が逆に糾弾されるという奇妙な構図。パリの講和会議がいつ果てるともなくつづいたのは、列国の利害が複雑にからんだからにちがいないが、山東省の権益をめぐって日中間に鋭い対立が起ったことにもよる。すでに第一次大戦の講和会議に、第二次大戦の火種が日本によって蒔(ま)かれていたとも読みとれる。

山東の権益が認められぬ限り、国際連盟規約調印を見あわせるという横車が通って、山東省権益の日本への委譲が首相会議で承認されたのは、四月三十日のことだ。この報せが伝わるや、中国国内が騒然となったのは不思議ではない。五月四日、北京では五千の学生が隊列を組んで東城(トンチャン)趙家楼の曹汝霖邸へと向かった。

丑吉は早くから事態を読みとって、曹に注意を喚起するとともに、この日午後、曹邸に近い東城黄獣医胡同(フートン)の佐々木忠宅につめていたが、夕刻、付近が騒然としてくるにおよんで、曹邸にかけつけたときには、デモ隊がそこになだれこもうとしていた。中江丑吉年譜には、こう記されている。

〈中江はすばやく曹を避難させ、殴打された章宗祥を背負って、自分も傷を受けながら日本公使館へ救出した。生涯にただ一度の大きな外的事件で、この時だけ中江の名が大新聞に出た。〉

丑吉のこの行動には、父兆民が生前、もし自分がルイ十六世の断頭台にかけられる場に居あわせたら飛びだしていって救い出すのに躊躇しないだろう、と言ったというエピソードが添えられるのだが、それは丑吉の行動を十分に説き明かしてはいない。丑吉が身を挺して曹らを救ったのは、パリ会議における日本代表の言動を恥と感じたからではなかったろうか。

鈴江言一は、五・四運動の起る一カ月半ほど前に北京にやってきていたが、まだその意味は読みとれず、山東問題は中国にとって「些々たる一小事」とリポートに書いたほどだった。

北京における「印度の鳥」

中江に比べれば、鈴江言一がなぜ大陸を目ざしたかという命題は、伝記作者をそう苦しめはしない。米騒動に参加して日本にいられなくなったというのは、彼自身が創った神話にちがいなく、倖引きをしながら明大専門部に入ったのに、授業料滞納で除籍されてしまった青年にとって、閉塞をうち破るにはカリフォルニアでも北京でもどちらでもよく、ともかく旗を揚げたかったのにちがいない。

たとえ単位をひとつも取っていなかったとしても、明大専門部中退は学歴詐称ではない。物心つくとまもなく辛酸を嘗め、土工、俥引きから弁護士見習にいたるまで、多様な体験がものを見る力を植えつけてきた。同郷の北京領事館巡査宅に寄食しながら、新支那社に採用された鈴江は、「輪転機を動かしての印刷、外まわり、使い走り、編集の下働き」とこき使われるなかで、記者の道を歩み始めた。

〈小生は只今は、昔日の鈴江生にこれなく、鈴江先生（リンチアンセンション）に御座候間ご承知の上、万々失礼などこれなきよう願いたきものに候。内地に於いて、該（この）尊称を獲得すべき辛酸幾十年頭髪白化するを思わざるの輩何（はいなん）ぞその愚の甚しき。一歩当地に入れば、直ちに得らるるものをと、皆様に御紹介下されたく候〉

と、鈴江は東京の弁護士事務所の仲間たちに書き送ったが、やがて『新支那』紙上に、「印度の烏（からす）」なるペンネームの時論が、読者の人気を集めることになる。

「印度の烏」としてにわかに注目されはしたものの、本名では鳴かず飛ばずだった鈴江言一に白羽の矢をたてたのは、新設の国際通信（同盟通信の前身）北京支局長古野伊之助だった。一九二一（大正十）年、新発足の国際通信北京支局に、鈴江は記者としてスカウトされたのだ。とはいうものの、弁護士田坂貞雄の一枚の紹介状を頼りに大陸に渡ってきたこのはみだし青年に、記者としての人脈がそなわっていたはずはなく、鈴江は彼一流のやり方で現実に対処していかなければならない。なんといっても英語は不可欠だ。古野支局長とデスクの上田金雄の特訓で英語を身につけた鈴江は、「王子言」と名をあらため、住いも北京東便門（トンビエン）近くの陋巷（ろうこう）に定め、着るもの食べるもの一切、中国人になりきった生活を始める。

北京図書館に足繁く通って図書館員を名のり、京劇に凝り胡弓をかなでもした。鈴江言一の名はいつしか消え、人は中国服で胡弓をかなで、京劇に凝る青年を「王子言」と記憶することになる。いつしか王子言は北京大学の革新グループのなかにあって、胡鄂公、斉白石、李大釗といった人びとと親交を結び、五・四運動以来燃え上がっていた中国学生運動、労働運動のなかに入っていっていたから、北京のかぎられた日本人のあいだでは、鈴江は〝主義者〟と見なされもし、そういう北京の日本人たちを、鈴江は蛇蝎のごとく嫌うとともに、ハリネズミのように全身を鎧って日本人社会に生きていたといってよいかもしれない。北京の日本人たちを嫌悪するという一点において、中江丑吉と鈴江言一は共通項を持っており、この一点で二つの星はいつかめぐりあうはずでもあったろう。

『北京の中江丑吉』のなかで、加藤惟孝は二人の出会いを、鈴江の国際通信入社直後と推定して、こう書いている。

〈中江さんは、タマツキがお好きだった頃で、毎日午後日本人倶楽部へ行くと、有名な主義者の鈴江というのがいて、何度顔を合わしたり、タマをついたりしても、一度もアイサツをしたことがない、ある時不愉快になったので、その男をつかまえて外へ連れ出し、「挨拶をしないのが貴方の主義か」と訊かれた。「そうじゃない」というので、「そんなことは普通にやった方がいいでしょう。自分はこれこれの者だが、遊びに来ませんか」といわれた。これが鈴江さんが貢院（中江宅）に来るようになった最初だと中江さんから聞いています。それからは何がどういう具合になってしまったのか、あの非妥協的で頑固で傍若無人で、革命一点張りで押していたらしい当時の鈴江さんが、みるみるうちに、カラを解きほぐされ、垢を洗い落とされ、中江さんに対して（だけ）は全くやわらかで従順な人物となってしまったようです。〉

こうして、北京という特異な環境のなかで、中江と鈴江のあいだには、いつしか二人だけの特異な運命共同体が形づくられていくことになる。

丑吉、曹氏別邸に住む

中江丑吉が曹汝霖の別邸である東観音寺の胡同に移り住むようになったのは、五・四運動の一、二年後のことであるらしい。丑吉が身を挺して危地から救いだしたことに対する曹の感謝のしるしにちがいない。書斎と書庫を兼ねた応接間のある東棟と、寝室、居間、食堂のある西棟が、多くの樹木の植えこまれた中庭を囲むように、北側の廻廊で結ばれていた。巷の喧騒を遮断したこの閑静な空間を気に入ってか、後半生の二十余年をここに送ることとなる。家賃はどうなっていたのか？　数多い関係者たちの中江丑吉回想に、この点に触れたものはないが、中江自ら、一九二五（大正十四）年に著した『支那古代政治思想史』（私家版三百部）第一巻の自序に、その間の事情をこう述べている。

〈大正三年曹汝霖、章宗祥の両氏に依って中国に来て以来、只訳も判らず無頼なる放蕩生活に其日を送って居た鄙人が本書の起稿を志したのは、両氏共に有名なる五・四運動として内外の人たちに知られて居る民衆運動の犠牲にた〻ねばならなくなってからであった。数年前より生活の資が絶たれてからは、一書生の身としては過分の費用を曹氏より支給されて来た。無神経なる鄙人も寄生虫の如き生活を心苦しく思って、屡々曹氏に意のある所を訴へたが、いつも一笑の下に却けられて、ついつい今日に迄及んでいるのである。〉

朝は四時に起きだし、午前中は門を鎖したまま漢籍と英独の原書を読むことに没頭し、自らに課したノルマを終えると、午後の散歩を欠かさず、ときには日本人クラブへ球撞きに出かけるという判で押したような規則的な生活のなかで、『支那古代政治思想史』の初稿は書きあげられ、父兆民と同郷の京大支那学の泰斗小島祐馬に示された。

『支那古代政治思想史』を書こうとした中江の関心は、どこにあったのだろうか。冒頭におかれた参考資料の類例には、易経、書経、詩経、礼経、春秋、論語、孝経、孟子、史部、儒家類、兵家類、法家類、雑家類、道家類の分類に従って、中江自身、誰に導かれたわけではなく、独力で読破した中国古典の見取図が示されている。そしてそれらは統一国家としての漢帝国が出現する遥か以前に著わされたものといってよく、二千年をへだててすでにあらゆる政治思想の体系がほとんど提出され尽した観のある中国古代の政治的マグマに、中江の眼が、五・四運動の混沌を機に、注がれていった道筋が浮かび上ってくるように思えてくる。中江がこれまで身につけてきたものといえば、帝大法科で学んだアリストテレス以来の、あるいはホッブス、ロック、ルソー以来の西欧的政治学の尺度であり、そのメジャーで中国古代に立ち向かっていくと、どういうことになるのか。

小島祐馬博士は、中江の論稿をあずかって熟読した結果、積極的に肯定することで、中江の学究たりうることを保証したのだった。三百部が印刷されたが、そのうちの百部足らずが友人・知己に送られただけで、二百部以上が書庫にそのまま眠ったから、彼の処女作は小島祐馬を中心とする京大の〝支那学者〟たちのあいだでしか知られなかった傾きがある。倉石武四郎、吉川幸次郎、木村英一、平岡武夫、小町勝年といった研究者たちが、北京の市井にかくれた中江を訪れるようになるとともに、大方の北京在住日本人たちは中江を奇人・変人として見るようになっていった。

言一、湘水を泳いで逃げる

中江が『支那古代政治思想史』と格闘しているころ、二人の日本人が中江を批判したことが、最後の著作「書廿九篇に関する私見に就いて」のはしがきのなかに、こう述べられている。

〈何年か前の昔、異邦でなくなった或老革命家から、よくそんな古い事に興味が持てますね、と心から不思議がられた事があった。これも同じく昔の事、一外交官から、三千年も四千年も昔の事が当代に何の益ありやと一喝されたのを、奇体に今だに彼の言葉通り覚えて居る。〉

異邦でなくなった或老革命家とは、モスクワからひそかに北京にやってきて中江邸に世話になった片山潜のことであり、一外交官とは一九二三（大正十二）年から二年間天津総領事をつとめた義兄吉田茂のことだ。

片山が北京にやってきたのは、一九二五（大正十四）年六月、有名な五・三〇事件の直後のことで、彼は北京の中江邸を拠点として五・三〇事件の中心上海地方を視察していったらしい。同じころ、日本からも佐野学、鍋山貞親、市川正一、三田村四郎といった共産党幹部が危ない旅の寄港地として、中江邸を通過していくなか、彼は曹汝霖からの援助によって『十三経注疏』など中国古典の原典と、清朝期考証学者の研究成果を詳しく読破し、あわせて自らの西欧社会科学的知識を英独（のちには仏）語の原典でより豊かなものに磨きあげながら、問題を体系的にとらえかえそうという困難な営みをつづけていたのだった。

中江の静的な学究生活に比べると、北京における鈴江の生き方はむしろ動的でジャーナリスティックで実践的だったといってよい。

鈴江言一年表でその足跡を追うと、一九二五（大正十四）年、孫文重態の報に接して、彼は国際通信北京支局長土田金雄の通訳として汪兆銘にインタビューしたかと思えば、青島の日系紡績工場がストに入ったときいて現地にとび、職工代表と接触し、中国官憲の追及を受けたりもする。疑惑を抱かすにたる行動が鈴江にあったことは、青島の日本総領事堀内謙介が北京駐在公使芳沢謙吉にあてた報告のなかにも残されている。

〈右鈴江は日本労働総同盟本部北京駐在員にして永く該地(がいち)に在留するものなる趣きの処……五月初旬国際通信社北京特派員土田金雄と同道して当地に来り、支那服を着用し、数回大日本紡織華工宿舎に、当時職工代表たりし蘇美一、司銘章らを訪ね、之(これ)と連絡したる模様に

有之候。〉

中国側官憲に押収された鈴江の書簡などから推して、彼はすでに中国に勃興しつつある労働運動の単なる取材記者の域から大きくはみだしていたことが想像される。このとき中国労働運動の草分け的リーダーの一人蘇兆徴と親交を結んだことも重要だ。やがてまもなく蘇は中華全国総工会の会長となり、漢口で汎太平洋会議を主宰し、国民党の分裂をはさんで南昌蜂起から広東コミューンの主席へとキーパースンの役割を果たすことになる。

鈴江言一年表で一九二七年の項をみれば、四月から七月にかけて鈴江は武漢に滞在し、汎太平洋労働会議に「順直（北京・河北）地区」代表として出席し、王子言の名で演説をしたとある。会場には、議長席に蘇兆徴の姿があったほか、李立三、瞿秋白、劉少奇といった人びとの姿があった。鈴江言一が最も輝いていた時代でもあった。議事録に王子言の演説が記録されていたのを目にとめた鍋山貞親がのちに鈴江に会って、「君の中国語は通じるのか」と問うと、「何しろ大きい声で怒鳴っとけばよいのだ」と笑って答えたと、『鈴江言一伝』に記しとどめられている。

武漢滞在は「国賓待遇」だったが、激動の中国では何が起っても不思議はなく、会議のあいまに湖南見物をしていた折、長沙で起ったクーデターにまきこまれた鈴江は「湘水を泳いで逃げ、命拾いをし、この日を自ら第二の誕生日と称した」と年表に記されたような危い橋を渡っていた。南昌暴動の失敗、広東コミューンの瓦解、壊滅的打撃のなか、わずかに生き残った朱徳、毛沢東らによる井岡山の根拠地づくりへと、革命運動は数カ月のうちに退潮へと向かう。

鈴江は北京に舞い戻るほかなく、官憲の目をかすめるように、前門街福建会館に身をかくし、新たな勉学の生活へとギアを替える。

不思議な親和力

〈或る福建人のお婆ァさんの話だと、鈴江さんは二年ほどの間、陋屋（ろうおく）の土間に桶を並べ、その上に戸板を一枚敷いてベッドとして寝（やす）み、起きるとその上にキチンと坐って勉強され、食物は殆んど窩頭（オウトウ）というトウモロコシのマンジューと漬物と、時とすると街頭に出て、一銭か二銭で足りる羊の腸をゆでた固い奴を、酢醤油で食うのを楽しみにしておられたそうです。〉という加藤惟孝の回想（「賢者と珍品」）が、この時期の鈴江の姿を伝えている。中江丑吉について、週三回ドイツ語を学んだのも、このころのことだ。『エルフルト綱領』を入門書として『家族、私有財産及び国家の起源』から『経済学批判』へと、前夜おそくまで辞書を引き、一語一語仮名をふっておいて、早朝貢院の中江邸に通う生活。睡眠不足から本を落しそうになって、思わず自らの膝をつねるようなことも稀でなく、一人二人とこぼれるなか、血のにじむようなきびしい中江の特訓に最後まで耐えたのは鈴江言一ただ一人だった、という伝説がのこっている。毒舌をもって鳴る中江が、後年加藤惟孝に語ったところによれば、

〈鈴江という男は、最初は妙に革命家気取りの田舎臭いところがあった。人の家をことわりなしにアドレスに使ったり、必要もない時に匿名の手紙をよこしたり、用事の合間の時間ツ

ブシに人のところへ来たりして、不愉快だったから、徹底的にやっつけた。〉

という一方で、

〈鈴江という男は恐ろしく聡明で、人のいうことをピンピンと受けとり、それをすぐに別の方面にも実行で表わすという具合だった。お前のように一々細かくいわないと何もやらないのとは訳がちがう。……あの男はシナの革命を実際やって来た男だ。日本のマルキシストとはケタはずれの型だ。〉

と、鈴江を誰よりも高く評価したのが、ほかならぬ中江だったというのだ。傍若無人というべきか圭角だらけの鈴江言一が、中江丑吉の前ではまるで人がちがったように温順な弟子となっており、水と油ほどにも異質な二人のあいだには、いつしか余人の立ち入ることのできない不思議な親和力が生まれ、それは生涯を通じて変ることのないものとなっていった。

プリンスの生活

一九二九（昭和四）年秋、鈴江は北京の陋巷を出て上海の胡鄂公に招かれ、フランス租界の胡邸に移り住んだ。かつて武漢に過ごした数カ月が、「国賓待遇」だったとすれば、上海でのそれは鈴江自身のことばによれば「プリンスの生活」だった。胡邸には五男三女の子どもたちがいて、子ども好きの鈴江は休日には彼らを連れて郊外に遠足に出かけたりもした。パトロンの胡鄂公はれっきとした国民党員でありながら、秘密の中共党員として北京市党委の宣伝部長だったことで当局から追われていた身だというから、上海租界というのは不思議な空間であった。そこで、鈴江はアグネス・スメドレー、尾崎秀実とめぐりあい、親しく交わるとともに、やかましい師匠の中江の翼下を離れたこともあって、日本のジャーナリズムに、本名のほか王子言、王枢之、野村進一郎などのペンネームを使いわけながら、はなばなしく登場する時期を迎える。

「満州某重大事件」と呼ばれた張作霖暗殺を契機にして、日本の大陸政策は危ないコーナーにさしかかっていた。国共分裂以後、中国本土の政状も混迷をきわめていた。日本のジャーナリズムには「支那論」があふれたけれども、誰一人真実を描けないなかで、『支那革命の階級対立』（大鳳閣）が「支那通」のあいだで注目をよばぬはずはなかった。改造社の『社会科学辞典』が四十六項目の執筆を依頼し、ついで『孫文伝』の書き下ろしも頼んできた。おのずと、上海—東京を往復する機会が多くなってきたとき、鈴江にもう一つの役割が負わされていた。

言一と正夢の交叉点

わたしは以前、柳瀬正夢という画家の伝記を書いた。柳瀬は昭和初年『無産者新聞』や『読売新聞』に政治漫画や似顔絵を描いた時期があって、国会図書館で当時の新聞雑誌を検索しているとき、偶然、長谷川如是閑の主宰する雑誌『批判』（昭和五年八月）に、柳瀬が鈴江言一の似顔絵を描いているのを見いだしておどろいた。柳瀬正夢と鈴江言一というわたしが別々に関心を抱いていた二人の人物が、思わぬところでいっしょに登場してきたからだった。

昭和五（一九三〇）年といえば、鈴江は改造社から注文のあった『孫文伝』を王枢之の筆名で書きあげたころだから、その原稿を持って東京にやってきたのかもしれない。雑誌『批判』はその鈴江をつかまえて「支那社会運動の現状」という座談会を企画し、主宰の長谷川如是閑のほか嘉治隆一、福岡誠一、荘原達といった常連ライターたちが座談会に出席しているが、その内容に目をやれば、王子言の筆名で登場する鈴江の独演会といった趣きがあって、他の出席者たちは王子言の精細な報告にときどき質問の口をさしはさむばかりなのだった。王子言が何ものなのか読者には知らされてはいない。顔写真を掲げるわけにはいかないから、柳瀬がよばれて出演者の似顔を描いたというわけだろう。似顔は適当にデフォルメされはするものの、柳瀬の描法は人物の特徴を的確にとらえて強調するものであったから、本物よりも柳瀬の似顔絵の方がリアリティを帯びてしまうことが珍しくはなかった。『批判』に載った王子言の似顔絵はまぎれもなく、鈴江言一その人にほかならなかった。

常識的に考えれば、鈴江言一と柳瀬が知りあったのはこのときと思えるのだが、その前年、柳瀬正夢は読売新聞社の企画した「満蒙視察団」に加わって大陸に渡っている。この視察団が派遣された背景には張作霖爆殺のいわゆる「満州某重大事件」が起こって田中義一首相が退陣を余儀なくされた当時の政局が重なってくる。視察団は現地解散となり、団長格の新居格は高校同期の中江丑吉のいる北京に向かっており、体調を崩した柳瀬も新居のあとを追うようにして北京に行き、さらに上海、武漢方面にまで足をのばし、予定を一カ月以上もオーバーして帰国していることを思うと、このとき北京で中江を訪ね、上海で鈴江を訪ね、鈴江がとくに人脈をもつ武漢にまで足をのばし、その旅のなかで柳瀬が鈴江と親交を結んだと想像するのは突飛なこととは思えない。絵が二人を結びつけた側面も見のがすことはできない。伊藤武雄は書いている。

〈彼（鈴江）の画は誰に師事したこともなかったが、人物山水ともに軽快な腕をもっていた。当代中国画壇の奇才といわれた、北京の斉白石翁は、彼を最も信頼する相談相手としていたし、日本人では柳瀬正夢画伯と親しかった。〉

とはいうものの、鈴江と柳瀬のあいだには余人がうかがい知ることのできない政治の絆が結びあわされていたのである。

コミンテルンからの使者

松本清張『昭和史発掘』のなかの「スパイ〝M〟の謀略」に、つぎのような公安資料が引用されていてわたしをおどろかす。

〈昭和六年二月下旬、コミンテルン上海極東局の使者として支那人秦貞一が渡来し、読売新聞漫画家柳瀬正六を通じて日共中央部と連絡し、中央委員松村コト某に対して「党代表を上海に送れ」との指示の趣旨を伝え、その旅費百円と党資金千円を渡して、同人（秦貞一）は三月九日ごろ退去した。この指示に基づいて日共は三月十五日中央委員紺野与次郎を上海に派遣した。紺野は同地において極東局責任者ヴァンデル・クワイセンと連絡して、指令と党資金千五百円を受けて四月十七日帰国した。〉

ここに登場する〝中央委員松村コト某〟とは、当時共産党指導部の中枢に送りこまれていたスパイで、後年松本清張によってその正体をあばかれた人物だが、松村コト某にコミンテルンの指示を伝え、党資金を渡した「支那人秦貞一」が何ものなのかについては明らかにされていないばかりでなく、当時の公安当局も「支那人秦貞一」がじつは「日本人鈴江言一」であったことには気づいていない形跡がある。

「中央委員松村コト某」の通報によって、中央執行委員長風間丈吉以下日共臨時指導部が一網打尽になったのは一九三二年十月末のことだが、風間の自白で柳瀬正夢が捕われるのは十一月五日のことだ。秦貞一と名のる「支那人」がじつは「日本人鈴江言一」であることを、「中央委員松村コト某」も風間丈吉も知ってはいない。知っていたのは柳瀬正夢一人だけのはずだ。世田谷署に留置された柳瀬は、四カ月半にわたって烈しい拷問を受け、頭髪がまっ白になるほどの虐待をもしのぎ、獄中で、脊椎カリエスを病む妻の臨終を知らされながらも、ついに「支那人秦貞一」が「日本人鈴江言一」であると自白しなかったことを、この公安資料が語っている。

危い橋を渡って日本を脱出し、上海のフランス租界深く身をかくした鈴江言一のなかで、柳瀬正夢への親愛が畏敬に変っていったのは、このことあってのことだったのではないだろうか。もはや、軽々に日本に潜入できなくなった鈴江は、東京に向かう中江丑吉に、ぜひとも柳瀬の安否を確かめてくれるようにと、依頼した節がある。

中江が突然、東京に舞い戻ってきたのは、一九三四年二月のことだ。二十年住みなれた北京を彼がなぜ去ろうとしたのか。中国古代思想研究の最後の作品「書二十九篇に関する私見に就いて」が刷り上って彼の鞄のなかに入っており、長年の恩顧に酬いるべく興津の西園寺公望のもとに届けられたことは事実だ。論文の「はしがき」にはこの作品の完成をもって北京を去ることが明言されている。

東京では嘉治隆一らが麻布に家政婦つきの借家を見つけて待っており、中江は北京から一緒に連れてきた愛犬サバンとともに旅装をとくことになる。その間のことは、北京の鈴江宛ての第一信に詳細に報告されているなかに、こんな一節がわたしの目を引く。

〈例のエカキ君は出て来て居るそうですから、嘉治君に頼んで是非遇ふ様に致しました。気の毒にも貞淑の細君は去年なくなったそうです。〉

〈例のエカキ君〉は柳瀬正夢を指すことは明らかだが、東京に着く早々、中江は嘉治隆一を介して柳瀬が保釈となっていることを確かめて、ひそかに会ったものと思われる。すでに、カリエスを病んでいた柳瀬の妻は帰らぬ人となっていたことを、北京の鈴江に伝えている。

東京に帰着して二週間、中江は鈴江にこう書いた。

〈矢張り帰燕（燕京は北京）した方が良いと決心しました。問題は金ですが、多分十中七八は大丈夫の積り。若しこれがきまったら、次手（ついで）にお土産としてあなたの分も多少は持って行けるだらうと思って居ります。こんな位ひなら何故家をたゝんで来たかと、少し早まり過ぎ

たのを後悔して居ります。〉

この短い東京滞在中、中江はさまざまな人物と会っているが、知名の士をあげれば、西園寺公望、頭山満、松方幸次郎などがいる。西園寺には刷り上ったばかりの論文を呈上して相当の研究費を提供してもらっているが、この研究費を社会運動に使うがよろしきやと西園寺の了解をとっているところが、いかにも率直だ。鈴江への〈お土産〉は、こうして捻出されたのに相違ない。右翼の巨頭、頭山満を訪ねたのは亡父兆民の友人としてだったのだが、頭山邸に約束の時間に出かけていくと、応接間で長いこと待たされた上、やっと出てきた頭山が丑吉を前にして座ったまま、ひとことも口を開こうとしないのに腹を立て、さっさと席を立ってきてしまった。財界の重鎮松方幸次郎とは何を話したかはわからないが、鈴江宛の最後の手紙に、

〈予定通り金策成立、目下旅費を算段中、これが出来たらすぐ当地引揚げ帰還……。〉

と記し、天津まで迎えに出てほしい旨を書き送った。一九三四年、中江が東京で見たものは「満州事変」後の祖国のある変容であり、そこにはすでに自らの居るべき空間のないことを目で確かめたのではなかったろうか。

東京には「満州国」の公使館ができており、旧知の丁士源が「駐日公使」となって駐在していたのを知り、中江はこの旧友を訪ねてゆき、「偽国の永続しない所以」を説いて激論を交わした。あと味悪い結末となったが、東京をあとにした中江の脳裏に「亡命」ということばが浮かんだかどうかはわからない。中江丑吉がふたたび東京駅頭に降り立つことのなかったことだけは確かだ。

高等遊民の志

「高等遊民」ということばを思い起こすような中江丑吉の北京の生活がどのように維持されたのか、満鉄調査部にあった伊藤武雄はこう記している。

〈一九三一年満州事変の発生以来、猛烈な資本論の再耽読が始められ、『（中国古代）政治思想史』第二巻の執筆は無期延期と宣言された。その前後今まで数年、生活の資が送られていた西園寺公望から、満鉄嘱託への切りかえがなされた。西園寺から満鉄総裁あての名刺を托されて、私がその使になったのであるが、その時の条件に——中江さんからの——一般嘱託として、何等かの反対給付を要求せられるなら断然ことわってくれ、もし研究費のごときものであるなら受ける、そのかわり研究結果がでた時は送るから、と何度も念をおされた。幸い相当の高給社員（後に理事）に、小石川水道町の幼稚園時代からの友人、石本憲治氏がいたので、この条件はスムーズに受け入れられ、三年ごと切換えの嘱託として、生涯をつづけられたしだいであるが、嘱託給与は、最初のうちこそ、今まで通り、丸善からの洋書購入や、英、仏、漢、邦字新聞紙の数種を講読する余裕もあったのだが、北京の物価騰貴により、漸次生活がせいいっぱいとなり、時に長雨で、住居の壁の落ちた際、私と鈴江とが上海から送った若干金で、修繕費にあてるほどになっても、満鉄に対しては嘱託費の値上げ要望がましいことは決してしなかった。のみならず、事前に相談なく増額したごとき場合には、これを

非礼として増加分は受領しなかった。〉

西園寺公望の個人的な支援から、満鉄嘱託へと中江の生活の資がきりかえられたのは、上京した折の西園寺訪問の所産だったと想定することができる。「満州国」を「偽国」と批判しながら、とどのつまりその「満州国」の背骨にもひとしい満鉄から嘱託費を仰いでいたところに、中江丑吉の悲哀はあった。その悲哀に、彼のリゴリズムにも似た北京の生活は根ざしていたといってよいかもしれない。

西園寺に呈上した『中国古代思想研究』のはしがきに、中江はこう書いている。

〈「非常時日本」の今日、自分の書いてる様なものが、到底一滴の重油、一片のアルミニューム程の役目も勤まらないのは勿論である。〉

この反語的表現の中には、一知識人中江丑吉の生活の戦略的転換の意思を読みとることができる。片山潜や吉田茂に半ばあきれられるような中国古代思想の研究を、曹汝霖と西園寺公望の支援でつづけてきたのは、日本人の中国理解の浅薄、傲慢、錯誤の深いクレバスを填めんがためであったのだが、「満州事変」後、その作業をつづけるにはあまりに情況は深刻な渕に臨みすぎている。その深刻な渕に臨んで、中江は自らの生活を根本のところで変える必要に迫られていたという認識に立って、満鉄から研究生活の資を仰ぐことを、「反対給付」を拒むのを条件に、受け入れる決意をしたのだといってよい。北京の陋巷に身を沈めて、祖国日本を凝視しつづけること、これこそが満鉄嘱託費に対する最善の反対給付だと、中江は考えたのではなかったろうか。まきこむべき同志はただひとり、鈴江言一がいるばかりだった。

蘆溝橋事件と中江

中江丑吉は夏になると、炎暑の北京を避けてひと月近く海浜に出かける習慣があった。満鉄の誰彼の別荘を利用することもあったが、一九三七年には七月五日に北京を発って島原半島の小浜に行った。その彼を追いかけるようにして蘆溝橋事件勃発のニュースがやってきたとき、中江は「長期の戦乱が来たのに避暑することはつつしむべきだ」として、事件の渦中にある北京に飛んで帰った。日本政府さえ事件の帰趨を測りかねているとき、「これは来るべき世界大戦の序曲だ」と中江が断言したと、守屋典郎は回想している。

北京では居留民会を通じて大使館区域に移転するようにとの命令が下ったが、「小生稍信ずる所有り」として貢院西大街の胡同から動かず、読書と散歩の日常に戻っていた。ときに北京郊外に微かな砲声がひびいても、道行く中国人たちから不快な仕打ちを受けるようなことは一度としてなかった。中江は「北京民衆の我々に〝想不到〟（思いもつかない）の特殊性を驚異致候」と、旧知の後輩今田新太郎中佐に近況を書き送った手紙の中で、さらに、こう書いている。

〈満州事変以来「非常時」又は「国難」なる言葉一世を風靡し候も、実際は此等の言葉は現在以後にはじめて意義あり、今回の事変の発展ならびに終局こそ日本民族に取って真に非常時代ならむと確信致居候　小生もとより一書生にして時務に迂愚なるも一国民として事変ならびに時局に対し多少の意見なき不能(あたわず)、近々書信にて開陳可仕(つかまつるべく)候間何卒御笑覧被下度(くだされたく)候。〉

「近々書信にて開陳可仕(つかまつるべく)」と予告された中江の書簡は残念ながら現存しないが、今田新太郎の回想によれば、「今度の事変は蒋介石を明の太祖たらしめるものだ」といった文言を含む厳しい事変批判が展開されており、参謀本部の作戦部長石原莞爾らに回覧、熟読されたものと伝えられている。鈴江言一の年譜をみると、一九三八年の項に、「二度上海東京間を往復して参謀本部の今田新太郎に会って和平工作を進める。第一回は中江の依頼」とあるところをみれば、中江の親書は鈴江の手で参謀本部の今田中佐に直接手渡され、なお詳しい中国情勢については、鈴江の口から詳細な説明が行われたと想像される。蘆溝橋事件を機に国民党と共産党は急速に接近し、日本軍の南京占領を見ながら、毛沢東が「持久戦論」を発表して本格的な抗日戦線が構築されつつあることの分析は、鈴江言一をおいて他にこれをなしうる人物はいなかったからだ。けれどもまた、中江の事変批判、鈴江の中国分析を理解する耳が帝国陸軍参謀本部にないことを確かめて以来、中江丑吉は二度とそのような和平工作に乗りだすことを断念し、北京の陋巷に蟠踞(ばんきょ)して冷厳な観測者たることに身を律したといってよいのではなかろうか。

上海から北京に移り住んでいた鈴江が標札に、「国立北京図書館員王乃文」と掲げ、中江の指南のもと中国近世史の研鑽にうちこむようになるのもこの頃のことだ。中江は『資本論』のドイツ語原典の三度目の通読にとりかかり、カント、ヘーゲルに親炙(しんきゅう)していくのだが、それは時代に背を向けた韜晦(とうかい)などではなく、急転していく時局に向き合うための橋頭堡(きょうとうほ)でなければならなかったと解した方がよい。

老北京(ラオペイジン)の生活と意見

中江丑吉には「変人」のほかに「異数の支那学者(シノロジスト)」とか「老北京(ラオペイジン)」とか「自覚した大衆(マッセ)」とか「市井の哲人」といった尊称、敬称がつけられていたから、その門を叩く人もあとを断たなかった。晩年最も親しむことを許された加藤惟孝の表現をかりれば、「政治家、実業家、軍人、官吏、会社銀行員、教授、学者、専門家、作家、評論家、武道家、宗教家、商人、職人、学生、女子や夫人、出稼ぎ、ゴロツキ、右翼と左翼、日本人と中国人」が中江邸の門をくぐったが、真贋を見わける中江の眼はきびしく、再度門をくぐりえたものとは談論風発し、わけても若者を愛することあたかも剣士をきたえる道場主のごとく、たとえば加藤惟孝に対しては、かつて鈴江言一に『エルフルト綱領』『家族、私有財産及び国家の起源』『経済学批判』などの原典を通じてドイツ語をたたきこんだように、カントの『純粋理性批判』の講読を「稽古」と称してつづけ、加藤がひそかに解説書など援用すると、カントを読み終るまではカントになりきらなきゃいけないとこっぴどく叱りつけ、「お前のようなやり方は、道場で剣術の型を覚えるだけのことだ。そんなへろへろな竹刀剣術では人は斬れない。剣術を習うからにはとにかく人を斬ってみろ」というような小言も言ったが、歯に衣(きぬ)着せぬ痛罵は愛弟子への愛情の変形だったふしがある。加藤惟孝は、のちに肺を病んで重態となった師を九大病院まで送りとどけ、死のまぎわまで介抱した弟子の一人となった。その加藤が師の晩年の、エマニエル・カントにも似た規則正しい日常生活を微細なまでに記録しているところから、中江の一日を再現すると、こうなる。

起床は年間を通じて六時半、冬はボーイがストーブの火をかき立てにくるのが合図。寝室の隣の畳の上で自彊術十五分、それがすむと寝巻を脱ぐ。寝巻は英国製のネルで頭からかぶると膝ほどまである長い肌シャツふうな中江独特のもの。着物は夏はセル、他はツムギの薄い綿入れに靴下ときまっていた。外出は背広。鈴江が好んで着たシナ服ようのものを中江は決して身につけないのが、また対照的ともいえる。

玄関先の石畳の廻廊の手摺の端に、歯ブラシとコップとジョニーウォーカーの瓶に入った湯ざましがおいてある。歯ブラシをくわえながら、柱の寒暖計を見たあと、廻廊の端に立って庭に粟をまくと、楡や槐の梢から雀が一斉におりたってついばむのを、愛犬が猛然と吠えながら蹴ちらす。藤椅子に座って眺めながら、中江は犬がへとへとになるまで「叱って来い」と、大声でくり返す。大声を出すのも運動のうちと考えてのことらしかった。

洗面のあと、撞球台を食卓にした食堂で朝食、晩年ショッツル鍋を好んだのは、早食いを自制するためだったふしがある。食事がすむと、ジョニーウォーカーの湯ざましでうがいをしてから、ルビークイーンを一本くゆらしながら、廻廊の籐椅子で新聞をひろげる。『ジュルナール・ペカン』(仏)、『ペキン・クロニクル』が主で、『大公報』と大衆紙『実報』のほか『朝日』といったところだが、厠に立ったあともなお廻廊で新聞を読みつづけ、九時には書斎に入るのだが、それからなお一時間近く新聞の政治・経済、戦争記事のメモを、開いた原書の余白に書き入れることをつねとした。それから昼食をはさんで三時まで読書に入った。たとえばヴント『民族心理学』、ショーペンハウエル『意志と表象としての世界』、『資本論』、ヘーゲル『精神現象学』など、いずれも一年、二年をかけて読みあげる大仕事だった。木製の硬い椅子、粗末な机の上に大きな急須があって竜井（ロンヂン）茶が入っていた。死後、数十冊のノートが残されていた。

昼食はたとえば炒麺（チャーミエン）に牛乳、リンゴと簡単で、荷風を読んだり、『野球界』をめくったりしながら食べた。楡の木の下で日光浴をしたあと再び書斎。三時まで邸内は修道院のような静寂がおおう。

三時になると、どんなに興が乗っていても本を閉じ、硯箱をあけて墨をすり、日課の習字と毛筆の手紙書き。『中江丑吉書簡集』はこの絶えざる日常が積み重なった所産であることがわかる。

そして三時半、愛犬待望の散歩は城壁から東郊へ、日によっては王府井（ワンフウチン）や東安（トンアン）市場、ときには映画館へと主人の民情視察になることもある。来客のある場合には散歩の時間が削られもした。

散歩がすむと入浴、入浴は夕食を挟んでもう一度あったが、夕食前の数刻もきっちりときめられており、日録がしたためられたあと、中江独特の単語表による英、独、仏語のおさらいがあって夕食、夕食のあとふたたび居間に入って十時まで読書。これが中江丑吉の判で捺したような一日の日課だが、ボーイたちを除いては誰にも知られぬ小さな日課があったことが、没後にわかった。日録を記したあとの三分間、彼は廻廊の一隅から東に向かって合掌しながら黙祷をする。遥か彼方に日本があった。

「日本軍閥之末日」の謎

太平洋戦争の始まる三週間前、上海の鈴江にあてた中江の書簡には、ゾルゲ事件で旧知の尾崎秀実がつかまったことが触れられているが、そのすぐあとに、

〈辻野俊チンがお袋に宛て、来た手紙だと、柳瀬画伯が近々当地に来るそうですが、是非そうなってもらいたいと心から願って居ります。〉

とある。七年前の手紙に「例のエカキ君」と記した柳瀬正夢が「柳瀬画伯」に改められ、北京に来る日が待たれている様子がうかがわれる。柳瀬が北京にくれば、尾崎逮捕の真相がわかるにちがいないという期待。尾崎の自白次第では、鈴江に累が及び、中江にも余波が及ぶかもしれないという共通の危機感があったのかもしれない。

十二月八日の真珠湾攻撃を挟んで、鈴江にあてられて出される中江書簡には、秋霜烈日(しゅうそうれつじつ)の気がみなぎっていくが、明けて一月、その手紙のゆえに防諜本部から呼び出しがかかった。「北京の城壁にへばりついて聖戦を白眼視する非国民的なスネモノ」への憲兵隊のフェイント攻撃とみてよい。防諜本部へ出頭した折、冷たい風にさらされて、暮から引きかけていた風邪がこじれ、微熱がつづいた。北京同仁病院のレントゲンで「重病の肺結核、永くて二年の生命」と

診断されたのは、東京で柳瀬正夢が大陸旅行の旅費の工面に走りまわっていた三月中旬のことだ。

ようやく四月の初め東京を発った柳瀬は、仕事を背負って「満蒙」の各地を廻る。取材のスケッチブックは絵日記にもなっていて、国境の町黒河の安ホテルの屋上で、夜の明けそめた南の空に向かって、この唯物論者の画家が合掌して黙祷している図があって、ドキリとさせられる。「満蒙」を回游して柳瀬が北京に到着した五月、中江丑吉の病状は明らかに進行していたが、世界史の動向に向けた関心は少しも衰えてはおらず、スターリングラードにおけるドイツ軍の敗退は目に見えていると中江は言いきる。病床には鈴江言一もかけつけていた。ゾルゲとともに捕えられた尾崎秀実の口は堅く、鈴江に累が及ぶとは思えないが、身辺を整理しておくに如くはない、といったことが語りあわれたにちがいない。北京の鈴江宅に保存されていた危険な文書を加藤惟孝が手伝って火にくべたのは、それからまもなくのことだった。

鈴江を初めとする弟子たちの奔走で、嫌がる中江が九大医学部付属病院に移送されたのは五月の末、すでに余命は二年どころか二カ月余しかなかった。四十一度の高熱に脳症を起し、「長い病棟中にひびき」わたる「吠えるような声」を最後に中江丑吉の命が絶えたのは、八月三日午後六時五分であった。

中江の葬儀をとりしきった鈴江言一は、九月二十七日に上海にもどるが、埠頭で憲兵隊に逮捕された。ハルピンに移送され、肺患の再発した鈴江は釈放されたものの、その余命も二年となく、中江と同じ九大病院に移され、病床で警視庁派遣の刑事から「尾崎秀実との関係」を追及された二カ月後の一九四五年三月十五日死去した。それから二カ月、柳瀬正夢も東京大空襲のなかで命をおとした。

悲劇の幕がおりて半世紀、『抗日戦争時期宣伝画』なる画集が北京で発刊されたが、その中に「日本軍閥之末日」というおそろしく柳瀬の筆致に似た八コマ漫画が載っている。柳条湖と蘆溝橋と真珠湾をつなげたこの諷刺画は、岡本一平をもじって岡山一平という作者名が付されているが、この諷刺画がどのような経路で八路軍の伝単になったのか、わたしにはまだその謎は解けてはいない。

あとがき

わたしの子どものころ、村と村のあいだには村境（むらざかい）というものがあった。村境は川や橋のようにはっきりしている場合もあったが、道端の草におおわれた石仏や塚だったりもして、うっかりすると、小鮒や兎を追って隣りの村に足を踏み入れてしまうことも珍しくはなかった。どこからともなく石礫（いしつぶて）が飛んでくるような恐怖にかられて一目散に逃げ帰ってくるといった経験が二度三度となくある。東西南北の村境をしっかり頭に刷りこむことが、子どもたちの地理学習の初歩だったようなその時代。この国は大東亜共栄圏の標語をかかげ、中国大陸に侵出し、さらに東南アジアから太平洋の島々に戦争は拡大していった。野口英世、藤田嗣治、岡田嘉子といった人たちの名に、わたしはその頃出会った。

野口英世は若くして渡米し、貧困、障害、人種差別などのハンデを克服して白人にうち勝った英雄として、岡田嘉子は当時ただ一つあった南樺太（サハリン）の国境を越えて入ソした不思議な女優さんとして、藤田嗣治はアッツ島玉砕を描くためにパリから帰国してきた著名な画家として、当時強く印象に刻まれた名前だった。

やがて隣りの町の中学に進んで、まもなく長い戦争が終わり、同じ郡内の町や村から集まってきた友人たちと机を並べてみると、かつて村境をうっかり越えてしまったところで、どこからともなく石礫が飛んできはしないかと一目散に逃げ帰ったあの恐怖感が、ひどく滑稽に思えるような時代がきた。あらゆるカリキュラムが組み変えられるなかで、少年の目に馴れ親しんだ偉人・英雄が色あせていったが、野口英世は形をかえてわたしのなかでも生き延びた。のちに藤田嗣治はふたたびパリに去り、岡田嘉子は里帰りしたもののすぐにモスクワへと旅立っていった。

この国には地続きの国境（くにざかい）がないことを強く認識するようになったのは、だいぶ時がたってからのことだ。かれこれ三十年ほど前になるが、ちょうどそのころ、わたしの前で「日本人は孤独な寂しい民族ですよ」と断言した在日の作家Kさんのことばが、胸に突きささっている。前後の文脈は定かではないが、この国が地続きの国境を持たぬ地政学のなかにあるといったこととの関連で出てきたことばだったように思える。浅川巧と土方久功は、当時、不可視の国境を越え、浅川は京城の街で、土方は南洋諸島で、それぞれ民衆にまじっていきた稀な日本人だが、浅川巧の日誌にも土方久功の詩にもしばしば寂しさが綴られている。この二人の言いしれぬ寂寥感は、大正から昭和にかけての時代と植民地の状況を重ねてみれば、国家への憤りに通ずるものだったと読み替えるべきかもしれない。浅川巧は詩人であることを拒んではいたけれども、土方久功にも劣らぬ詩心を抱いた人だった。

夜郎国伝説には中華思想の写し鏡の趣があるが、地続きの国境を持たぬ島国にも、つねに夜郎自大に陥る陥穽（かんせい）があることを、朝河貫一、中江丑吉、鈴江言一という三人の歴史家は、国境を越えたニューヘブン、北京、上海からの定点観測で警告しつづけていたとでも言ったらよいだろうか。

本書にまとめた七篇の評伝は、一九九六年から九八年にかけて、雑誌『年金時代』に連載したものである。とくに同誌に掲載の労をとっていただいた畏友田中茂雄さん、同誌編集部久場良親さん、三浦貴子さん、今回一書にまとめてくださった風濤社柏原成光さんに深い感謝を捧げたい。

二〇〇三年七月二十一日

井出孫六

使用写真出所一覧

野口英世とフレクスナー（野口英世記念会蔵）
朝河貫一（二本松市教育委員会蔵）
藤田嗣治（毎日新聞社）
岡田嘉子（毎日新聞社）
土方久功（「土方久功展」目録より）
中江丑吉（「中江丑吉の肖像」勁草書房より）
鈴江言一（「鈴江言一伝」東京大学出版会より）
浅川巧（「浅川巧全集」草風館より）